ESTRATÉGIAS de ENSINO 61

Poesia
na sala de aula

Hélder Pinheiro

parábola

Direção: Andréia Custódio
Capa e diagramação: Telma Custódio
Revisão: Thiago Zilio Passerini
Imagem da capa: br.depositphotos.com/ @sntpzh

CIP-BRASIL. CATALOGAÇÃO NA FONTE
SINDICATO NACIONAL DOS EDITORES DE LIVROS, RJ

P719p

Pinheiro, Hélder, 1959-
Poesia na sala de aula / Hélder Pinheiro. - 1. ed. - São Paulo : Parábola, 2018.
152 p. ; 23 cm. (Estratégias de ensino ; 61)

Inclui bibliografia
ISBN 978-85-7934-142-7

1. Língua portuguesa - Estudo e ensino (Superior). 2. Professores - Formação. 3. Prática de ensino. I. Título. II. Série.

18-48138 CDD: 370.71
CDU: 37.02

Meri Gleice Rodrigues de Souza - Bibliotecária CRB-7/6439

PARÁBOLA EDITORIAL
Rua Dr. Mário Vicente, 394 - Ipiranga
04270-000 São Paulo, SP
pabx: [11] 5061-9262 | 5061-8075 | fax: [11] 2589-9263
home page: www.parabolaeditorial.com.br
e-mail: parabola@parabolaeditorial.com.br

ISBN: 978-85-7934-142-7

1ª edição – 3ª reimpressão: abril de 2024

SUMÁRIO

INTRODUÇÃO

> Eu gostaria de uma escola onde a criança não tivesse que saltar as alegrias da infância, apressando-se, em fatos e pensamentos, rumo à idade adulta, mas onde pudesse apreciar em sua especificidade os diferentes momentos de suas idades.
>
> **[George Snyders, 1993: 29]**

Há cerca de trinta e seis anos, iniciava minha atividade como professor de língua portuguesa e literatura. Por treze anos, atuei em escolas particulares (em Uberaba, São Paulo e Fortaleza) e públicas (no estado de São Paulo). Esse período inicial foi um celeiro de experiências de leitura literária em sala de aula que alimentaram minhas pesquisas sobre ensino de literatura. Contos, crônicas, folhetos de cordel, narrativas infantis e juvenis, peças teatrais, canções populares sempre estiveram presentes em meu cotidiano escolar. Lecionei, nesse tempo, em todas as séries do ensino fundamental (do sexto ao nono ano) e do ensino médio, passando por cursinhos, por escola normal e, num pequeno período, por turmas do fundamental 1, trabalhando especificamente com leitura literária.

Quando entrei para o magistério superior na Universidade Federal da Paraíba, *campus* de Campina Grande, no final de 1992 e, logo em seguida, assumi a disciplina "Prática de ensino de literatura" (hoje "Estágio supervisionado"), senti uma profunda necessidade de sistematizar e partilhar minha experiência com o texto literário no ensino básico. Assim surgiu a primeira edição de *Poesia na sala de aula*, no final de 1995. Em 2002, veio a segunda edição, com alguns acréscimos, relacionados, sobretudo, à experiência de leitura literária com alunos de Letras. A terceira edição é de 2007 e trouxe um capítulo novo voltado para o que chamo de jovens leitores. De fato, tinha como objetivo oferecer aos professores algumas pistas para trabalhar com poesia no final do ensino fundamental e ensino médio. Acrescentei também as referências comentadas, indicando pesquisas que começaram a surgir no início do século em algumas universidades.

Este livro mantém, ao mesmo tempo, um caráter de relato de vivências e de sugestões — direta ou indiretamente — de abordagem do poema no contexto escolar. Não se trata de um livro didático, tampouco de um livro teórico, embora por trás de muitas práticas e sugestões haja uma base de leituras teóricas tanto do universo da poesia quanto das metodologias e de concepções pedagógicas. O livro, portanto, ocupa um entrelugar que me parece bastante significativo, sobretudo porque pode instigar o leitor-professor a realizar suas próprias experiências sem seguir um roteiro prévio, como ocorre em muitas obras que trazem sequências didáticas prontas.

A leitura constante da obra de Paulo Freire, desde o início da graduação em Letras, a partir de 1980, sempre alimentou certo modo de lidar com o leitor — no caso, o aluno da educação básica —, valorizando suas experiências, acreditando na sua potencialidade. Como lembra o pedagogo, "por que não estabelecer uma necessária 'intimidade' entre os saberes curriculares fundamentais aos alunos e a experiência social que eles têm como indivíduos?" (Freire, 1998: 34).

Esta edição mantém-se fiel à concepção da primeira versão do livro, que — pela recepção que teve e pela constante procura — me parece ainda significativa. Foram feitas várias atualizações de nomenclatura, correções, poucas supressões, algumas alterações e acréscimos.

Quero, com cada capítulo, enfrentar problemas específicos. Em "Poesia na sala de aula: Por quê?", aponto algumas dificuldades para levar a poesia à escola e, sobretudo, penso o lugar e a função da poesia em nossa vida. Sem ter claras as funções sociais da poesia, dificilmente o professor se engajará na militância pela vivência do poético com seus alunos. Quando falo das "Condições (indispensáveis) para trabalhar a poesia", quero mostrar que, mesmo vivendo situações as mais diversas, é possível trabalhar a poesia em sala de aula. Trabalhar em condições inadequadas, sem jamais deixar de cobrar as condições ideais. As "Experiências e sugestões" têm caráter mais didático. Trata-se de um resumo dos procedimentos e de várias formas de abordagem do texto literário em sala de aula. Não são roteiros de aula, mas podem funcionar como um indicativo, uma possibilidade de realização. Com certeza, para que muitas experiências aconteçam, é preciso empenho e dedicação do professor. Se alguém tomar algumas sugestões de forma mecânica, sem envolvimento, sem convivência com os poemas e com a poesia em geral, terá grandes chances de não envolver os alunos. Nesta nova edição, dois tópicos foram transformados em novos capítulos: "Poesia e jogo dramático" e "Literatura de cordel". Os dois trazem, além de rápidos relatos de vivências, também sugestões de abordagem de poemas em sala de aula. No que se refere ao jogo dramático, apresento-o como um importante procedimento para estimular a imaginação e a criatividade das crianças. A parte das "Referências comentadas" me parece ainda bastante atual. Foram acrescentadas algumas obras mais recentes voltadas para questões de ensino, com foco sempre na poesia.

O que o leitor vai ler agora é a sistematização de experiências em que se buscou vivenciar a alegria de que fala Snyders (1993): a leitura literária pode, não resta dúvida, favorecer o cotidiano escolar. Mas também indico alguns procedimentos e atitudes que me parecem fundamentais se quisermos realizar um trabalho com o poema que possa contribuir para a formação de leitores.

POESIA NA SALA DE AULA: por quê?

> A poesia não pode nem deve ser um luxo para alguns iniciados: é o pão cotidiano de todos, uma aventura simples e grandiosa do espírito.
>
> [**Murilo Mendes, 1994: 834**]

SITUAÇÃO DA POESIA NA ESCOLA

De todos os gêneros literários, provavelmente é a poesia o menos prestigiado no fazer pedagógico em sala de aula. Pesquisas mais antigas e também recentes apontam sempre certo distanciamento entre o leitor escolar e o gênero lírico. Aguiar (1979) mostra que a poesia fica sempre em terceiro ou quarto lugar na ordem de interesse dos leitores. Mais recentemente, levantamentos de interesse de leitura realizados em turmas do final do ensino fundamental e ensino médio, por diferentes pesquisadores, apontam ainda maior distanciamento entre a poesia e os leitores mais jovens. Em cinco dissertações consultadas, apenas uma informa que a poesia é o gênero que desperta mais interesse (Caldas, 2014: 74). Em Santos (2014: 38), ela ocupa o sexto lugar; em Medeiros (2014: 64), o quinto; já nos dados levantados por Farias (2014: 60) e Melo (2014: 48), ela aparece, respectivamente, em terceiro e segundo lugares.

Os problemas relativos à aplicação da poesia são inúmeros e diversos. Nem mesmo depois da massificação da literatura infantil e juvenil, a partir dos anos 1970, tivemos um trabalho efetivo que favorecesse a aproximação entre os leitores escolares e a poesia.

A primeira fase do ensino fundamental (1º ao 5º ano) apresenta problemas graves no trato com o gênero poético — isso quando existe contato! Normalmente, as professoras dão prioridade ao trabalho com textos em prosa, deixando sempre a poesia em segundo ou terceiro plano. Outra questão sempre aparece quando conversamos com professores de diferentes séries do ensino fundamental, incluindo aí os que tiveram formação em Letras: trata-se das dificuldades que apontam no trabalho com o poema e que contribuem para o afastamento da poesia. Dentre elas destacamos: "Como interpretá-la", "como entendê-la", "como compreender algumas passagens", "dificuldade de analisá-la", "de captar a mensagem", "falta de intimidade", "como interpretar algumas frases em sentido figurado", "não saber ler em voz alta". Por certo, essas dificuldades podem ser superadas, sobretudo se o profissional se dispuser a ler um pouco mais de poesia.

Em pesquisa realizada em oito livros didáticos do ensino fundamental, publicados nas décadas de 1980, 1990 e primeira década do século XXI, Alves (2012) conclui que, se por um lado, nalgumas obras, há aumento do número de poemas e a presença de poetas contemporâneos, por outro, a abordagem se prende mais a questões formais (tipos de verso, rimas), teóricas (conceitos como eu lírico), pouco favorecendo uma aproximação lúdica do texto que estimule a percepção da fantasia, da musicalidade e o diálogo do leitor com o texto.

Outro problema bastante atual refere-se ao modelo das obras indicadas, por exemplo, por grande parte das escolas particulares. Em pesquisa realizada sobre a indicação de obras literárias para os anos iniciais do ensino fundamental em seis escolas particulares de Campina Grande, PB, constatou-se uma presença muito significativa de títulos de caráter pragmático, tidos como literários, e que visam à aprendizagem de determinados conteúdos escolares. Dados de uma pesquisa ainda em andamento (Costa, 2018) sobre indicações de obras literárias em três escolas particulares de Campina Grande, PB, revelam que, num universo de 48 obras indicadas, 22 são paradidáticas, isto é, voltadas para apoio aos conteúdos escolares, com apenas duas em verso.

De certo modo, a pouca indicação de livros de poemas pelas escolas é também um problema resultante do pouco número de obras desse gênero no catálogo das editoras. Quantitativamente, o volume de publicações em prosa é muito superior ao das publicações em verso. Por outro lado, examinando catálogos de editoras e lendo publicações mais recentes, observa-se que já temos um acervo significativo de livros de poesia infantil que poderiam ser indicados e lidos em sala de aula[1]. Muitas dessas obras podem ser conhecidas através do acervo do PNBE (Programa Nacional Biblioteca da Escola), programa de estímulo à leitura e à criação de bibliotecas escolares do Ministério da Educação que, de 2006 a 2013, distribuiu milhões de obras de diferentes gêneros literários para as escolas públicas de todo o país. Como a escolha do acervo resulta de um trabalho de avaliação de pesquisadores de grande parte das universidades brasileiras, os professores podem encontrar aí boas

[1] Estudamos mais detidamente a poesia infantil contemporânea em artigo denominado "Poesia para crianças: novos livros, novos autores" (Alves, 2010).

referências de leitura, não apenas de poesia, mas de diversos gêneros literários[2].

Quando chegamos às séries finais do ensino fundamental (8º e 9º ano), a indicação de livros de poemas se torna mais complexa, uma vez que é muito difícil falar em poesia para jovens, como se fala em poesia infantil. Embora tenham surgido algumas obras voltadas especificamente para esse público leitor, o resultado estético nem sempre é satisfatório, como revela a pesquisa realizada por Silva (2008). Por outro lado, podem-se apontar alguns livros cujo valor estético é comprovado. Eles bem poderiam compor o quadro de indicações das escolas, como os livros *Restos de arco-íris, 33 poemas e uma fábula virtual, Duelo do Batman contra a MTV, O rapaz do metrô: poemas para jovens em oito chacinas ou capítulos*, todos de Sérgio Caparelli.

A FUNÇÃO SOCIAL DA POESIA

Diante do quadro acima exposto, cabem duas perguntas: vale a pena trabalhar a poesia em sala de aula? Qual a função social da poesia? A resposta a estas duas questões poderá abrir nossos olhos para o que estamos perdendo ao marginalizar a poesia do cotidiano da sala de aula.

Nossa resposta à primeira questão é afirmativa. Vamos respondê-la pensando em nossa experiência com a poesia ao longo de trinta e cinco anos de sala de aula (a partir do 4º e 5º anos do ensino fundamental, passando por todo o ensino médio e no curso de Letras e Pedagogia da UFPB/UFCG). É evidente que vale a pena

[2] O acervo pode ser consultado no seguinte endereço: http://bit.ly/1Q56K9a [acesso: 21Maio2018].

trabalhar a poesia na sala de aula. Mas não qualquer poesia, nem de qualquer modo. Carecemos de critérios estéticos para a escolha das obras ou para a organização de antologias. Não podemos cair no didatismo e no moralismo que sobrepõem valores preestabelecidos à qualidade estética.

É necessário muito cuidado com o material que chega ao aluno através do livro didático. Com relação aos livros dos anos iniciais do ensino fundamental, há uma tendência a privilegiar o jogo pelo jogo, deixando de lado o sentido. O jogo muitas vezes cai no pueril, na pseudocriatividade. Cremos que o jogo sonoro deva ter um suporte significativo — segundo vemos nos seguintes e excelentes livros: *A televisão da bicharada* e *A dança dos pica-paus*, de Sidónio Muralha (2003, 2010); *O menino poeta,* de Henriqueta Lisboa (2008); *Ou isto ou aquilo*, de Cecilia Meireles (2012); *Poemas para brincar, Uma letra puxa a outra*, de José Paulo Paes (2011, 1992), entre outros.

No cotidiano da sala de aula, o jogo pelo jogo vai ficando enfadonho, e o aluno demonstra desinteresse à medida que vai ampliando sua experiência de vida e de leitura. Assonâncias, aliterações, ecos, paronomásias, paralelismos são recursos sonoros/semânticos que povoam muitos poemas infantis. É preciso estarmos atentos ao uso do recurso, pois a simples recorrência não garante "literariedade". Um aspecto muito explorado em livros de poesia para crianças é o humor, como se observa, sobretudo, na produção de José Paulo Paes (2008) e de Sérgio Caparelli (2003). O achado que nos leva ao riso enriquece muitos poemas, mas a insistência de alguns poetas em provocar o riso torna esse procedimento por demais corriqueiro.

A partir dos anos finais do ensino fundamental, o interesse de nossos alunos por textos que tematizem experiências afetivas é muito grande (em tese, esse interesse pode surgir mais cedo ou mais tarde). Temos aí uma porta aberta pela via temática que, como tal, apresenta também seus riscos. Nem sempre se oferecem textos que possibilitem — além do mirar-se naquela experiência simbólica — um alargamento de visão do que está sendo vivido, uma descoberta de outras possibilidades de vivência afetiva. O risco de moralizar o que está sendo vivido deve ser evitado. Cada leitor, livremente, tira ou não lições das leituras para sua vida.

Em acompanhamento de estágios supervisionados de alunos de Letras, temos observado que as temáticas sociais costumam ter também boa recepção. Textos que discutam preconceitos sociais, étnicos e questões de gênero suscitam debates às vezes calorosos e podem contribuir para a formação humana dos leitores. Nessas situações, costumamos sugerir o trabalho com diferentes gêneros literários e até com outras artes, como filmes, vídeos e documentários. O diálogo entre os diferentes textos ajuda a perceber e compreender também a especificidade do texto em verso.

Bons poemas, oferecidos constantemente (imaginamos pelo menos uma vez por semana ler um poema com os alunos, sem nenhum objetivo pragmático), mesmo que para alunos refratários (por não estarem acostumados a esse tipo de prática), têm eficácia educativa insubstituível. Para saber as razões dessa "eficácia" da poesia é preciso refletir sobre sua "função social".

T. S. Eliot (1991), num ensaio intitulado *A função social da poesia*, faz reflexões de grande atualidade, que nos ajudam a refletir sobre o lugar e o alcance da poesia na formação de leitores. Na primeira parte do ensaio, o poeta aponta a função das "formas (poéticas) mais primitivas", as formas do gênero épico, do drama grego, da ode pindárica e da poesia didática, num quadro que, embora não se proponha a aprofundar, não deixa de oferecer pontos centrais para a reflexão. É preciso estar atento a possíveis interferências de determinado "propósito particular" que o poeta quer impingir à sua obra, para não julgar *a priori* o que está sendo lido:

> As pessoas suspeitam às vezes de qualquer poesia com um propósito particular, isto é, a poesia em que o poeta defende conceitos sociais, morais, políticos ou religiosos, assim como outras pessoas julgam amiúde que determinada poesia seja autêntica só porque exprime um ponto de vista que lhes apraz (Eliot, 1991: 28).

Para o poeta, a função essencial da poesia está em que "possamos nos assegurar de que essa poesia *nos dê prazer*" (grifo nosso). A seguir, Eliot chama a atenção para a natureza do prazer, que difere, por exemplo, do prazer de comprar ou possuir algo. Mais adiante, adentramos no cerne de sua posição:

> Para além de qualquer intenção específica que a poesia possa ter, (...) há sempre comunicação de alguma nova experiência, ou uma nova compreensão do familiar, ou a expressão de algo que experimentamos e para *o que não temos palavras — o que amplia nossa consciência ou apura nossa sensibilidade* (Eliot, 1991: 29).

Para nós, que trabalhamos com o poema em sala de aula, a consciência de que a poesia é sempre "comunicação de alguma nova experiência" tem sabor especial. A experiência que o poeta nos comunica, dependendo do modo como ela é transmitida ou estudada, pode possibilitar (ou não) uma assimilação significativa pelo leitor. O modo como o poeta diz — e o que diz — ou comunica sua experiência permite um encontro íntimo entre leitor-obra que aguçará as suas emoções e sua sensibilidade. Eliot vai ampliando essa reflexão: "A poesia difere de qualquer outra arte por ter um valor para o povo da mesma raça e língua do poeta, que não pode ter para nenhum outro" (Eliot, 1991: 29). Não se trata aqui de buscar, com a leitura de poemas, aprofundar o conhecimento da língua, caindo novamente no pragmatismo. Mas então por que dar toda essa importância à poesia? Ora, porque

> a poesia tem a ver fundamentalmente com a expressão do sentimento e da emoção; e esse sentimento e emoção são particulares, ao passo que o pensamento é geral. É mais fácil pensar do que sentir uma língua estrangeira (Eliot, 1991: 30).

Talvez bastassem essas afirmações para pensarmos com mais cuidado no trabalho com a poesia. Mais do que isso, pensarmos na sequela que resulta do não acesso de milhares de alunos a poemas significativos de nossa tradição literária. Mas a função social da poesia, é bom lembrar, não é mensurável segundo modelos esquemáticos de avaliação escolar. É uma experiência íntima que muitas vezes captamos pelo brilho do olhar de nosso aluno na hora de uma leitura, pelo sorriso, pela conversa de corredor. Vale a pena lermos mais dois fragmentos de Eliot. O primeiro revela-nos o modo como o poeta nos ensina e ensina a si próprio; o segundo, a função do poeta em relação a sua língua.

> Ao exprimir o que outras pessoas sentem, também ele está modificando seu sentimento ao torná-lo mais consciente; ele está tornando as pessoas mais conscientes daquilo que já sentem e, por conseguinte, ensinando-lhes algo sobre si próprias (Eliot, 1991: 31).

O poeta "descobre novas variantes da sensibilidade das quais os outros podem se apropriar. E, ao expressá-las, desenvolve e enriquece a língua que fala" (Eliot, 1991: 31) Toda essa experiência coloca também o leitor diante de uma linguagem expressiva, que movimenta a língua e possibilita outro tipo de vivência com a palavra. Ou seja, favorece experimentar a língua pelo seu viés mais criativo.

É possível, depois de tão acuradas afirmações sobre a função social da poesia, permanecer privando-nos e a nossos alunos da experiência da leitura de poemas?

Há inúmeras reflexões sobre a função da literatura. Acreditamos que nem tudo o que vale para a narrativa valha para a poesia e vice-versa. Por isso, procuramos reforçar a especificidade do valor da poesia numa tentativa de possibilitar um encontro mais significativo do professor e do estudante com o poema.

Thomson, que estudou as relações da poesia com a comunidade em sociedades primitivas e mais modernas, afirma: "Em nossas origens, toda poesia é um ato social, em que comungam o poeta e o povo". É com George Thomson (1997), falando sobre a função do artista, que encerraremos nosso diálogo:

> O artista conduz os outros homens a um mundo de fantasia, onde seus anseios se libertam, afirmando desse modo a recusa da consciência humana em aceitar o condicionamento do meio: mobiliza-se assim um potencial de energias submersas que, por sua vez, regressam ao mundo real para transformar a fantasia em realidade (Thomson, 1977: 118).

CONDIÇÕES (INDISPENSÁVEIS) PARA TRABALHAR COM POESIA

> Está claro que a personalidade do professor e, particularmente, seus hábitos de leitura são *importantíssimos* para desenvolver os interesses e hábitos de leitura nas crianças; sua própria educação também contribui de forma essencial para a influência que ele exerce.
>
> **[Bamberger, 1986: 74-75]**

A leitura do texto poético tem peculiaridades e carece de mais cuidados do que o texto em prosa. Contudo, muitas das condições apontadas como essenciais para a leitura de poesia são também indispensáveis para o ato de leitura literária em geral. Não se trata de valorizar mais este ou aquele gênero literário. Trata-se de estar atento a procedimentos e cuidados específicos que convêm a cada gênero. Tendo em vista que a poesia é, entre os gêneros literários, dos mais distantes da sala de aula, a tentativa de aproximá-la dos alunos deve ser feita de forma planejada. Deve-se pensar que atitude se tomará, que cuidados são indispensáveis e, sobretudo, que condições reais existem para a realização do trabalho. Ao discutirmos o que denominamos "condições indispensáveis", estamos pensando, na prática, nos anos de trabalho com a poesia em sala de aula.

A PRIMEIRA CONDIÇÃO indispensável é que o professor seja realmente um leitor com uma experiência significativa de leitura. Por "experiência significativa" não queremos dizer que ele deva ser um erudito, mas antes alguém que, mesmo tendo lido poucas obras, por exemplo, o tenha feito de forma aprofundada, conheça poemas centrais de determinados poetas, temas recorrentes, peculiaridades da linguagem poética.

Tendo em vista a debilidade de nossa formação literária, não podemos ficar sonhando com um professor que conheça "tudo", que saiba de cor dezenas de poemas. Se existir alguém assim, é preciso que ele organize sua experiência para transmiti-la de forma adequada e eficiente a seus alunos.

Um professor que não seja capaz de se emocionar com uma imagem, com uma descrição, com o ritmo de um determinado poema, dificilmente revelará, na prática, que a poesia vale a pena, que a experiência simbólica condensada naquelas palavras é essencial em sua vida. Sem um mínimo de entusiasmo, dificilmente poderemos sensibilizar nossos alunos para a riqueza semântica da poesia.

A SEGUNDA CONDIÇÃO é haver sempre uma pesquisa sobre os interesses de nossos alunos. Quando já os conhecemos bem, esse levantamento pode ser feito de maneira assistemática. Atentos ao universo de interesse deles, poderemos oferecer, de início, poemas que mais facilmente serão apreciados. Evidentemente, o conhecimento das fases de desenvolvimento intelectual e afetivo da criança e do adolescente é indispensável. Mas isso ainda não garante muita coisa.

Cada escola, cada município, cada estado podem ter níveis de interesse — às vezes momentâneos — diversos. E o que deu certo num semestre com a turma A pode não funcionar com a turma B. Mas como é que se faz essa pergunta? Da maneira mais simples, prática e direta possível. Muitas vezes, descobrimos o universo de interesse através das "agendas" de alunos e alunas. O método mais comum é perguntarmos diretamente (ouvindo e anotando em pequenas fichas; organizando entrevistas elaboradas pelos próprios alunos etc.). Outra forma é descobrir os filmes que eles mais apreciam, os programas de rádio e televisão a que assistem, as novelas de que mais gostam.

Feito o levantamento, devemos organizar os dados: observar o que é mais recorrente e fazer uma pesquisa pessoal de textos que possam atender àquele universo apontado na pesquisa. Nos levantamentos que tivemos oportunidade de fazer, apareceram temas relativos ao amor, à aventura, aos problemas sociais, à solidão, aos animais, ao medo e tantos outros. Muitas vezes, descobrimos que os alunos não têm muito claro se gostam mais disso ou daquilo. Também é comum observarmos que as preferências mudam rapidamente ou que eles simplesmente nada conhecem de determinado assunto. Consequentemente, mesmo tendo uma visão do universo de interesse de nossos alunos, nada garante que eles serão conquistados para a poesia.

Há muitas experiências que a criança e o adolescente não viveram, não conhecem e, portanto, não poderão sugerir. Nessa perspectiva, devemos levar aos nossos alunos textos novos que poderão integrar seu universo de leitura. Não é aconselhável ficar apenas nos temas que foram sugeridos por eles. Às vezes, temas "pesados" — como a guerra, a violência — possibilitam experiências riquíssimas: discussão, apreensão de imagens, ritmos, causas e consequências da guerra etc. Portanto, o recurso da pesquisa é indispensável como recolha de dados para iniciar o trabalho, mas a experiência não deve se esgotar neles. Sobretudo se estivermos em salas de ensino médio, onde as experiências são mais diversificadas e já se devem discutir, inclusive, questões da linguagem desse e/ou daquele autor.

Também é indispensável o ambiente em que se vai trabalhar a poesia. Criar um ambiente adequado, sobretudo nos primeiros anos de estudo, favorece o interesse e o gosto pela poesia. Ir ao pátio da escola para ler uma pequena antologia, pôr uma música de fundo enquanto se lê são procedimentos que ajudam na conquista do leitor; são condições que, se dispensadas, poderão debilitar uma experiência que poderia ser mais rica, mais significativa.

Organizar um mural onde os alunos, durante uma semana, um mês, ou o ano todo, destaquem os versos de que mais gostam; incentivá-los a recitarem livremente poemas que conheçam — de qualquer época ou autor — são procedimentos que vão criando um ambiente (físico e psicológico) em que a poesia começa a ser vivenciada, em que o prazer de lê-la passa a tomar forma. Mas essas pequenas coisas devem ser constantes. Fazer uma grande promoção no dia da poesia pode ser bonito para o colégio e apenas disfarçar a dificuldade e/ou o desinteresse ante o desafio de um trabalho cotidiano de formação de leitores.

Até agora, as condições arroladas dizem respeito à prática do professor — seu gosto, sua atitude, o envolvimento dos alunos, a criação de um clima adequado. Mas há outras condições que fogem a sua alçada. São condições que ele pode e deve cobrar da instituição a que está ligado. É a vez de a escola dar a sua contribuição. O uso da biblioteca, por exemplo, é indispensável. Ir até lá, escolher livremente na prateleira o livro que quiser, descobrir autores até então desconhecidos, ter, portanto, um contato corporal com os livros. Para isso é essencial que a biblioteca seja um lugar agradável, ventilado, espaçoso. Às vezes, algumas mudanças possibilitam mais conforto e melhor adequação. A cobrança de uma biblioteca viável — que, inclusive possa fazer empréstimos — deve ser incentivada pelos professores. Alunos, pais, professores devem exigir que ela não seja um mero depósito de livros, mas sim um lugar vivo e agradável.

A experiência das *salas de leitura*[1] tem sido de grande importância na criação do hábito de ler. Há bibliografia sobre o seu funcionamento e sua ativação. Iara Brandão B. Lopes (1989), de forma condensada e prática, nos ensina sobre a "organização e funcionamento de uma sala de leitura":

> Para montar uma sala de leitura com possibilidade de envolver os leitores em atividades variadas, recomenda-se que, além de mesas, cadeiras e estantes, também se providenciem caixas ou cestos (para livros e revistas); quadro de feltro ou cortiça; lousa com cortina; varal para exposições; tapetes; esteiras ou almofadas para acomodar alunos; baú com todo tipo de vestuário e objetos que possam ser utilizados como fantasias (Lopes, 1989: 37).

Com relação ao uso da biblioteca, tivemos uma experiência com turmas do 6º ao 9º ano numa escola pública de São Paulo, entre 1987 e 1988. A "biblioteca" da escola vivia fechada, com os livros mofando. Descobrimos ali várias obras da Ciranda do Livro[2],

---

[1] As salas de leitura tiveram grande impulso a partir da década de 1980. Não devem ser confundidas com bibliotecas, embora em muitos lugares haja essa sobreposição. Ainda hoje, muitas escolas públicas e privadas organizam espaços específicos para leitura literária, com ambiente agradável, estimulante, que foge do modelo mais formal da biblioteca.

[2] Conforme informação que consta no *site* da Fundação Nacional do Livro Infantil e Juvenil, "o projeto Ciranda de Livros — realizado com o apoio da Fundação Roberto Marinho e da Hoechst (de 1982 a 1985) — foi pioneiro na distribuição de livros em escolas carentes e na zona rural de todo o País. A 'Ciranda de Livros', durante seus quatro anos

coleções de Monteiro Lobato, antologias poéticas de Drummond, Bandeira, Ferreira Gullar, entre outros. Mesmo sob o olhar suspeito da então diretora, começamos a transformar aquele espaço. Íamos semanalmente à biblioteca. A primeira vez, foi uma espécie de reconhecimento da área. Os alunos ficaram olhando os livros, lendo, mudando de livro, mostrando uns para os outros suas descobertas. Depois fomos tornando as aulas de biblioteca mais sistemáticas (é bom lembrar que a escola não tinha bibliotecária, como em quase todas as bibliotecas de escolas públicas ou particulares do Brasil). Criamos uma ficha individual de controle de leitura. Cada livro lido (ou só iniciado) era lançado na ficha pelo próprio aluno. Na aula da biblioteca, os alunos liam de tudo. Colocamos numa estante os livros de poesia — havia boas obras — e sempre que solicitado sugeríamos a leitura de determinado poema neste ou naquele livro. Incentivávamos mais a leitura de poesia porque o desconhecimento dos alunos era muito grande. Às vezes, os cinco minutos finais de uma aula não dão para ler um capítulo de um romance, mas para ler e reler um poema são mais do que suficientes. Com o passar dos meses, acompanhando as fichas individuais, observamos um crescimento significativo na leitura de livros de poesia (ou de alguns poemas isoladamente). Contribuíam para esse aumento, além das sugestões feitas, muitas leituras que fazíamos, sobretudo nos momentos finais da aula. Com o tempo, os próprios alunos iam se animando a ler poemas em voz alta para seus colegas.

Privar os alunos de uma experiência tão simples e tão salutar denuncia o descaso com a educação mais integral de nossos estudantes. É

---

de existência, possibilitou que cerca de trinta e cinco mil escolas brasileiras recebessem um acervo de 15 livros por ano, livros da melhor qualidade e de autores pouco conhecidos à época. Hoje são considerados clássicos da literatura infantil" (http://bit.ly/2sgVhkZ [acesso: 21Maio2018]).

preciso ir fazendo as coisas, mesmo que o entrave burocrático nos emperre, nos crie dificuldades. E se tivermos o apoio de pais e alunos, não há como não fazê-lo.

Além de tudo o que apontamos como condições indispensáveis, vale lembrar que não se criam condições da noite para o dia. O trabalho precisa ser sistemático e constantemente avaliado. Pode-se, por exemplo, organizar uma excelente sala de leitura, mas, com o tempo, o acervo precisará ser renovado, os professores necessitam de uma formação continuada, de espaço para troca de experiências, os livros carecem de conservação, de encadernação... Criar condições de leitura supõe, portanto, uma política que priorize a educação — tanto das secretarias de educação quanto da direção da escola e da prática cotidiana dos professores.

Mesmo criando as condições mais adequadas para favorecer a formação de leitores, muitas vezes, muitos deles nos escapam — sobretudo se o trabalho não for iniciado nas séries iniciais. Esta nos parece uma condição essencial: iniciar a criança o mais cedo possível no mundo da leitura; seduzi-la desde cedo para a riqueza interior que a leitura pode nos proporcionar. Sem esse trabalho, é possível conquistar alguns leitores já adolescentes, mas a tarefa se torna mais difícil.

Iniciamos este capítulo com Bamberger (1986: 70). Com ele vamos concluir:

> Nunca será demais repetir que os hábitos só se formam através da atividade regular. Mais importante do que toda a atividade baseada em livros, mais importante do que a melhor discussão, é a própria leitura. É preciso se tornar um princípio o pensamento de que é melhor ler por quinze minutos todos

> os dias do que meia hora um dia sim, outro não. É melhor ler meia hora um dia sim, outro não, do que ler uma hora por semana, e assim por diante. A prática regular é a precondição para a formação do hábito.

A afirmação é antiga, mas o princípio permanece bastante atual. Embora hoje não se fale mais de forma tão enfática em hábito de leitura e mais em formação de leitores, fica a sugestão de que é no cotidiano que se planta o gosto pelo texto. Algo que exige trabalho, planejamento, disposição e compromisso com a educação.

EXPERIÊNCIAS E SUGESTÕES

> Um bom poema pode ser estudado, relido e meditado vezes sem conta pelo resto da sua vida. Você jamais cessará de encontrar coisas novas nele, novos prazeres e encantos, e também novas ideias a respeito de você mesmo e do mundo.
>
> **[Adler e Doren, 1974: 219]**

TÓPICOS PARA A REALIZAÇÃO ORAL DO POEMA

Há, inegavelmente, algumas dificuldades para ler poemas em voz alta. Professores, alunos, leitores comuns, por onde temos andado divulgando a poesia, pedem-nos "técnicas" ou modos que ajudem na apresentação da leitura oral. As maiores dificuldades ocorrem com os poemas modernos. A falta de pontuação, as elipses, a ausência de uma direção de leitura deixam-nos perplexos no contato inicial com a poesia moderna. Essas dificuldades, sem dúvida, algumas vezes podem afastar as pessoas da poesia. Muitos professores se confessam inseguros para ler um poema em voz alta para seus alunos. Dizem, às vezes, que tudo o que sentiam na leitura individual parece desmoronar ou não concordar com o desempenho oral.

Realizamos algumas experiências com poemas de Mario Quintana, em que a pontuação é mais livre. O poema mais utilizado foi "Ah, sim, a velha poesia" (Quintana, 2005). Depois da leitura individual, pedíamos que os professores lessem em voz alta. Na maioria das vezes, havia resistência, mas depois de fazermos nossa leitura, sempre havia mudança de opinião relativa ao sentido e à beleza do poema. Ou seja, leitura que não seja minimamente adequada compromete a apreciação e o reconhecimento do valor da abra. Ler em voz alta é um modo de acertar a leitura, de adequar a percepção a uma realização objetiva. Portanto, não é tarefa ligeira. Carecemos de ler e reler o poema, de valorizar determinadas palavras, de descobrir as pausas adequadas e, o que não é fácil, de adequar a leitura ao tom do poema. Um poema conhecidíssimo como "José" (Drummond de Andrade, 2002), se lido com muita lentidão, poderá comprometer o valor e o encantamento que o texto inegavelmente possui. Já "Sugestão", de Cecilia Meireles (1994), carece de andamento lento, da valorização de cada adjetivo na sua inteireza significativa:

> Sede assim, qualquer coisa
> **serena, isenta, fiel.**

Dizer versos como este corridamente é trair o tom e o andamento do poema e, consequentemente, colocar em risco a percepção da riqueza expressiva. O esforço de descoberta do *ritmo* adequado ao tom do poema é sempre muito rico em descobertas de novos sentidos. O poema "Claro enigma", como nos lembrou Drummond de Andrade, vai nos mostrando suas faces a cada releitura, a cada repetição de verso, de palavras. Alguns poemas são captados mais profundamente após a realização oral. Lembro-me da primeira vez que li o *Poema sujo*, de Ferreira Gullar (2008), em voz alta. Já o havia lido várias vezes, mas o envolvimento, a emoção que senti à medida que ia lendo foi superior à leitura silenciosa. Por outro lado, há poemas que me agradam mais quando lidos apenas em silêncio.

Sabemos que é polêmica a questão da realização oral do poema. Mas, para o trabalho de sala de aula, ler em voz alta é muitas vezes algo indispensável, que exige preparo. Para minha formação, contribuiu bastante a audição de atores lendo poemas, como o importante trabalho de Paulo Autran. Também a audição, inúmeras vezes, da voz de Maria Bethânia recitando trechos de poemas de Fernando Pessoa e de outros poetas me instigava a ler e reler, no início tentando imitar as inflexões e pausas que esses leitores imprimiam a sua realização oral[1].

Apontaremos três normas "a seguir na leitura de um poema lírico", extraídas do livro *A arte de ler*, de Adler e Doren (1974).

A primeira norma "é lê-lo todo sem parar, quer você ache que entende, quer não". Para os autores, "os embaraços que tantas pessoas parecem

---

[1] Destacamos os cds: *Carlos Drummond de Andrade*, por Paulo Autran (Coleção Poesia Falada, vol. 13); *Fernando Pessoa*, por Paulo Autran (Coleção Poesia Falada, vol. 7); *4 séculos de Poesia brasileira*, por Paulo Autran (Coleção Poesia Falada, vol. 14). Maria Bethânia (2015) publicou um livro acompanhado de cd em que recita sobretudo poemas de autores(as) brasileiros(as) e portugueses(as). Trata-se de um material da maior importância para o apreciador de poesia e que pode ser levado à sala de aula como estímulo à apreciação de poemas. No tópico sobre "Música e poesia", retomamos essas indicações. Outras sugestões de poesia falada: *Manoel de Barros*, por Pedro Rangel e Marcos de Barros (Coleção Poesia Falada, vol. 08); *Vinicius de Moraes*, por Odete Lara (Coleção Poesia Falada, vol. 5); *Fernando Pessoa*, por João Villaret; *Affonso Romano de Sant'Anna*, por Tônia Carrero (Coleção Poesia Falada, vol. 3); *Augusto dos Anjos*, por Othon Bastos (Coleção Poesia Falada, vol. 9); *Manuel Bandeira*, por Juca de Oliveira (Coleção Poesia Falada, vol. 18); *Neide Archanjo*, por Neide Archanjo; *O tom de Adélia Prado* - Poemas de *Oráculos de Maio*, pela autora; *Adélia Prado*: O sempre amor - pela autora; *Muito além da Taprobana e de Pasárgada* - Sérgio de Castro Pinto, por Sérgio de Castro Pinto; *Poesia é risco* - Augusto de Campos e Cid Campos.

sentir ao ler poemas, sobretudo os difíceis poemas modernos, resultam da não aplicação dessa primeira norma". O que justifica esse procedimento é o fato de que "todo bom poema lírico tem uma unidade. A menos que o leiamos todo, e de uma só vez, não podemos compreender-lhe a unidade. Não descobrimos, salvo possivelmente por acaso, o sentimento ou experiência fundamental que lhe serve de base".

A segunda norma é esta:

> Leia o poema todo novamente — mas leia-o *em voz alta.* (...) Você verificará, quando ler o poema em voz alta, que o próprio ato de pronunciar as palavras obriga-o a entendê-las melhor. Não poderá passar por cima de uma frase ou de um verso mal compreendido com tanta facilidade se estiver lendo em voz alta. (...) (Adler e Doren, 1974: 220).

A prática da leitura em voz alta é um instrumento importante para uma aproximação ao poema e, no contexto de sala de aula, quando bem realizada, pode despertar o interesse de muitos leitores.

A terceira sugestão consiste em procurar responder a determinadas perguntas:

> Por que certas palavras saltam do poema e atraem a atenção? Será por causa do ritmo? Ou da rima? Ou são palavras repetidas? Várias estrofes parecem referir-se às mesmas ideias; sendo assim, essas ideias formam algum tipo de sequência? Qualquer coisa dessa natureza que você puder descobrir concorrerá para o seu entendimento (Adler e Doren, 1974: 220).

São sugestões que podem ajudar na apreensão mais ampla do poema. No entanto, cada leitor vai, com o tempo, criando seu próprio método de leitura e enriquecendo-o também com as experiências alheias.

Mas nunca é demais lembrar que sugestões como estas podem ser feitas aos alunos e se tornarem úteis no cotidiano da leitura de poemas. Melhor ainda será seguir esses três passos com os estudantes, num exercício conjunto de descobertas, sobretudo com os das últimas séries do ensino fundamental e das três séries do ensino médio.

Adler e Doren (1974: 223) ainda lembram:

> A leitura de qualquer grande poema lírico é tarefa de uma vida inteira — não, naturalmente, no sentido de que deve prosseguir indefinidamente pelo resto da vida, mas no sentido de que, como um grande poema, merece muitas releituras. E, nos intervalos dessas releituras, podemos aprender mais a respeito de um poema do que imaginamos.

É preciso também lembrar que a questão da leitura oral não é unanimidade entre críticos e teóricos da literatura. Entre nós, Alfredo Bosi (1988: 279-280) defende: se "o leitor conseguir dar, em voz alta, o tom justo ao poema, ele terá feito uma boa interpretação, isto é, uma leitura 'afinada' com o espírito do texto". Os tons de que fala o crítico são os mais diversos. Ele elenca: "Tom patético, tom elegíaco, tom satírico, tom fúnebre, tom festivo, tom idílico, tom heroico, tom épico, tom grave, tom burlesco, tom sapiencial, tom irônico etc." (Bosi, 1988: 279).

Já Emil Staiger (1977: 48), em sua importante obra *Conceitos fundamentais da poética*, adverte: "Recitado, um poema lírico não pode ser apreciado como merece" (p. 48). Para o teórico, a declamação seria mais plausível "para um círculo pequeno, para pessoas a cuja sensibilidade possamos abandonar-nos" (Staiger, 1977: 48). E arremata: "Mas um trecho lírico só desabrocha inteiramente na quietude de uma vida solitária" (Staiger, 1977: 48).

Determinados poemas pedem um certo clima. Em um ambiente de desconcentração, de barulho, eles podem não ser apreciados no que têm de melhor[2].

Organização de antologias

A ideia de selecionar dezenas de poemas e organizar antologias nasceu da constatação de que havia poucos livros de poemas adequados ao leitor jovem. Sabemos o quanto é discutível a questão da adequação. Comprova a relatividade da adequação o fato de muitas vezes nos enganarmos ao acreditar que determinados poemas serão bem acolhidos e outros não e, na prática, ocorrer o inverso. O que temos observado é que dificilmente alunos do 9º ano do ensino fundamental ou do 1º ano do ensino médio leem com desembaraço e com proveito antologias específicas de autores como Carlos Drummond de Andrade, Manuel Bandeira ou Cecilia Meireles. Eles leem alguns poemas e normalmente fogem rapidamente. Isso pensando numa situação ideal em que o acesso às referidas antologias seja facilitado. O fato é que nem livros de poesia são acessíveis, nem a maioria dos alunos estão aptos ainda para apreciá-los da forma o mais proveitosa possível. Por outro lado, observa-se que, nos últimos anos, têm surgido antologias de determinados poetas, com poemas selecionados por professores, críticos e escritores, que visam aproximar o leitor em formação de uma obra mais ampla e complexa[3].

Foi vivenciando esse quadro que organizamos várias antologias poéticas destinadas especificamente à segunda fase do ensino funda-

[2] Vários estudiosos da poesia vêm recentemente se dedicando à leitura oral de poemas. Destacamos os artigos de Camargo (2012), Pinheiro (2015) e Dias (2016).

[3] Apontaremos algumas dessas obras no tópico "Com o livro na sala de aula".

mental e ao ensino médio, sem nunca perder de vista o valor estético e o horizonte de expectativa do destinatário.

Numa experiência com alunos do 6º ano de uma escola estadual de São Paulo, em um contexto economicamente muito limitado, no qual não havia acesso a materiais de reprodução adequados [à época, papel e estêncil], conseguimos envolver a turma na própria construção material da antologia. Esse fato criou um sentimento de pertença, de participação que se refletiu posteriormente na apreciação dos poemas.

Depois que a antologia ficou pronta, passamos cerca de um mês com aulas semanais para a leitura individual dos poemas selecionados. No início, líamos livremente o poema de que mais gostávamos. Se houvesse clima e interesse, conversávamos sobre os poemas lidos. Algumas vezes, descemos ao pátio do colégio para leitura livre e pessoal (ou em duplas, um lendo para o outro o poema que quisesse). Nessas aulas, os alunos sentavam nas escadas, deitavam no chão, ficavam lendo e andando... ou, se quisessem, na biblioteca ou sala de aula. A descoberta do prazer de ler era nosso objetivo. Muitas vezes, flagramos em muitos alunos aquela satisfação nascida da experiência íntima e particular da leitura. Sem a antologia, o acesso a esses textos teria sido praticamente impossível. Alguns alunos, no início, sentiam dificuldade de concentração e até chegavam a atrapalhar um pouco. Procurávamos conversar, fazê-los ver o que estavam perdendo. Muitos levavam a antologia diariamente para a escola e, quando concluíam alguma atividade, punham-se a lê-la.

A partir do 8º ano, a leitura da antologia se dava mais em sala de aula. Nessas séries, o debate, o depoimento pessoal sobre cada poema eram o que predominava. Também aqui a definição de um horário específico para leitura é essencial; se não for possível reservar uma aula por semana, que se reservem 15, 10 minutos para leitura.

Quase sempre os alunos trazem sua contribuição: um livro de um amigo, um poema conhecido, um cd com poemas recitados, uma antologia, um livro de poemas de algum poeta da família etc. Cada gesto deve ser valorizado e estimulado. É um possível sinal de que os alunos estão sendo tocados.

Os autores modernos foram os mais privilegiados em todas as antologias que organizamos. Essa preferência deve-se a problemas de linguagem e temática mais adequadas às vivências de nossos alunos. Não achamos que a tradição poética deva ser desprezada: se criarmos o gosto pela leitura de poemas, fica facilitado o trabalho posterior com poetas de outros momentos históricos.

A confecção de antologia é uma saída limite. Em nossa experiência, ela nasceu da falta de obras adequadas e economicamente acessíveis. Embora o quadro tenha mudado um pouco, uma vez que temos hoje no mercado um número maior de obras com foco no jovem leitor, quando se pensa em livros de poemas, há ainda muitas lacunas.

Uma antologia tem valores e propósitos diversos. T. S. Eliot (1991: 59), no ensaio "O que é poesia menor", levanta alguns dos valores da antologia. Diz ele que "o valor primordial das antologias, como de toda poesia, repousa no fato de serem elas capazes de proporcionar prazer", mas, além disso, "deveriam servir a diversos propósitos". Chamamos a atenção para mais duas observações do poeta anglo-americano:

> O mérito das antologias ao nos introduzir à obra dos maiores poetas é muito efêmero; e nenhum de nós irá consultar

> antologias em busca de seleções desses poetas, embora elas continuem a ser úteis (Eliot, 1991: 59).

Esta observação é para lembrar que a antologia é uma porta de entrada para o estudante. O professor não deverá ficar apenas na leitura de antologias. Há que ir além, mergulhar fundo na obra de seus poetas preferidos, conhecer seu estilo, seus temas, seu modo particular de assimilação lírica do real. Sem isso, fica difícil organizar qualquer antologia cativante para seus alunos.

Vamos à outra observação de Eliot (1991: 62): "As antologias e seletas são proveitosas, pois ninguém dispõe de tempo para ler tudo e porque há poemas dos quais apenas algumas passagens continuam vivas".

E para quem se animar a montar uma antologia, jamais se esquecer de indicar as fontes, a bibliografia completa. Se possível, indicar obras completas dos autores sonhando com a possibilidade de que nossos alunos, ao deixarem a escola, tenham referências seguras se quiserem continuar o percurso de leitura.

Núcleos temáticos

A ideia de levar aos alunos poemas com núcleos temáticos afins nasceu da leitura do trabalho da professora Dirce Cortes Riedel e outros (1968), intitulado *Literatura brasileira em curso*. Baseados nessa obra, montamos pequenos módulos – pequenas antologias – contendo poemas e textos em prosa com temática afim. Apresentaremos alguns módulos com que trabalhamos e os procedimentos didáticos de que lançamos mão.

Para o 6º e o 7º anos, montamos um módulo sobre *flores* e *rosas* com os poemas "Rancho das flores", de Vinicius de Moraes (1987) e "O girassol" e "A rosa", de Elias José (1982). Foi feita uma leitura silenciosa dos poemas e, em seguida, iniciamos uma discussão sobre a concepção que os estudantes tinham de *rancho*. Chegou-se à conclusão de que se tratava de um espaço, espécie de chácara que devia abrigar muitas flores. Depois, conversamos sobre as flores mais conhecidas pela turma. Após essa conversa inicial é que passamos à audição de "Rancho das flores". Estimulamos os alunos a descobrirem a *melodia* daquele poema musicado ("Jesus, alegria dos homens", de Bach) e conversamos sobre o modo particular como cada autor tratava o tema apreciado.

"O girassol" traz uma questão simbólica que foi observada na discussão: trata-se do fato de a flor ter se apaixonado pela lua e, a partir daí, passar a ter ações diferentes, devido ao novo encantamento. O final do poema gera riso e surpresa: "O girassol de minha rua/agora virou giralua". O debate sobre a mudança de identidade foi sempre rico em todas as turmas em que trabalhamos o poema. No caso de "A rosa", mostrávamos também a ilustração que acompanha o poema. Discutia-se a dificuldade de expressão, e muitos alunos levantavam o problema relativo a sua própria de dificuldade de produzir um texto.

Entre leitura individual, escuta e aprendizado da música, conversa sobre o tema, demoramo-nos cerca de duas aulas — a depender da turma, esse tempo pode se ampliar ou encurtar. No decorrer de uma aula como esta, que visa à sensibilização, muitos alunos produzem textos inspirados no que leram e ouviram ou sobre outro assunto, alguns fazem ilustrações, outros copiam determinados versos na agenda. Embora nas aulas de literatura evitássemos sugerir a criação, sempre que o aluno produzia um texto, incentivávamos e muitas vezes o líamos para a sala.

Outro módulo que organizamos, dirigido ao 6º e ao 7º ano, refere-se ao tema de infância. Selecionamos os seguintes textos: "Infância", de Carlos Drummond de Andrade (2002), "Desenho", de Cecilia Meireles

(1994), "Porquinho-da-índia", de Manuel Bandeira e "O mundo do menino impossível", de Jorge de Lima (1997).

Uma possibilidade de abordagem dos poemas, após a leitura em voz alta, é confrontar as diferentes experiências de infância retratadas: espaços, presença da natureza, atitude (saudade, contentamento, desencanto, medo etc.). Suscitar a interação entre texto e leitor perguntando se há aproximações ou não entre a infância retratada nas obras e a dos leitores.

A partir do 8º ano, trabalhamos com diversos núcleos temáticos. A temática do *amor* sempre é sugerida quando detectamos temas de interesse. Nalgumas experiências, iniciamos com o poema "Amor", de Carlos Drummond de Andrade (2002). Após a leitura oral, pedíamos aos alunos para repetirem versos que, de algum modo, chamassem sua atenção e os comentassem livremente. Esse procedimento simples favorece a retomada do poema, de suas imagens e, consequentemente, uma familiaridade vai sendo construída. Versos que podem ter passado despercebidos se destacam diante da leitura de um colega. A seguir, lia-se "Soneto do amor total", de Vinicius de Moraes (1987) e, mais uma vez, solicitávamos que destacassem versos, imagens, aspectos da linguagem que de algum modo os tivessem instigado.

Após a apreciação individual de cada poema, propúnhamos uma discussão entre as concepções de amor presentes em cada um deles. A ideia era confrontar visões diferentes. Por exemplo, uma visão de amor-paixão, no caso de um homem por uma mulher; uma visão mais ampla, que trouxesse a noção de solidariedade, de uma espécie de estilo de vida — "amar a nossa falta mesma de amor".

Podem-se acrescentar a esse módulo poemas de poetisas contemporâneas, como Adélia Prado (2015) e Alice Ruiz (2008). Dentre os vários poemas que tratam do amor na obra de Adélia Prado, sugerimos: "A meio pau" e "Amor feinho". Já de Alice Ruiz, indicamos: "Tem os que passam" e "Faz de mim".

O professor poderá ampliar a antologia com canções, pequenos contos, crônicas, textos que façam parte de seu repertório de leitura.

Mais dois temas com que trabalhamos em diferentes turmas do 9º ano do ensino fundamental e da 1ª série do ensino médio foram a *guerra* e outro que denominamos *temática social.* Com relação ao primeiro tema, destacamos os poemas "A bomba", de Carlos Drummond de Andrade (2002), "A bomba atômica" (parte II), de Vinicius de Moraes (1987), "Guerra", de Mario Quintana (2005) e "Lamento da noiva do soldado", de Cecilia Meireles (1994). O poema de Drummond, por exemplo, foi encenado por uma das turmas de 9º ano. Os alunos iam dizendo versos ao modo de um jogral, espalhando-se pelo meio da sala e encarando os colegas, à medida que falavam versos como: "A bomba/é uma flor de pânico apavorando os agricultores", "A bomba/é a miséria confederando milhões de misérias", dentre dezenas de outros.

A discussão sobre os diferentes aspectos da guerra indicados ou sugeridos pelos poemas costuma tanto sensibilizar os participantes quanto levá-los a tomar consciência de realidades que não estão vivendo. A depender da época em que se trabalhe um módulo como esse, pode-se articulá-lo com guerras que estejam acontecendo e pensar suas causas e consequências. Pode-se, inclusive, ampliar o conceito de guerra, pensando nas inúmeras violências que determinados grupos e comunidades vivem na contemporaneidade.

Quanto à *temática social*, trabalhamos com os poemas "Não há vagas", de Ferreira Gullar (2008) e "O bicho", de Manuel Bandeira (1990). O poema de Bandeira foi inúmeras vezes encenado rapidamente em sala de aula, quase sempre despertando o olhar do leitor para a realidade de sua cidade. Pode-se acrescentar o poema "O cão sem plumas", de João Cabral de Melo Neto (1994), cujas imagens costumam ter a força de suscitar discussões sobre a condição de animalidade a que muitos seres humanos são submetidos.

O trabalho com esses núcleos, sobretudo no ensino médio, foi marcado por debates a partir de determinadas imagens e de algumas perguntas que anotávamos no quadro. Nesse nível de ensino, já colocávamos em discussão a eficácia da linguagem — recursos, tipos de versos, inversões, sonoridade —, chamando a atenção para a peculiaridade estilística deste ou daquele poeta. Analisávamos a visão de mundo que os textos revelavam, elementos contextuais (por exemplo, no tema *guerra*) e possíveis "influências" de um autor sobre outros, sobretudo quando havia textos de estilos de épocas diferentes. Nunca se aplicava um questionário prévio; sempre se privilegiava o debate, buscando uma repercussão, por menor que fosse, do texto sobre o leitor.

Um módulo especial que organizamos para o ensino médio e que retomamos algumas vezes na universidade foi "A metalinguagem na poesia moderna". Os poemas selecionados foram: "Os poemas", "O poema", de Mario Quintana (2005); "Arte poética", "Meu povo, meu poema" e "Não há vagas", de Ferreira Gullar (2008); "O último poema", "Poética" e "Nova poética", de Manuel Bandeira (1990); "Poesia", "Explicação", "Mãos dadas", "O lutador", de Carlos Drummond de Andrade (2002); "Poética II" e "Mensagem à poesia", de Vinicius de Moraes (1987).

Em sala de aula, não tivemos como ponto de partida a explicitação da teoria de Jakobson (1972) sobre a função metalinguística da linguagem. Analisamos, a partir da leitura e releitura dos poemas, a concepção particular que cada poeta revelava da poesia, observando proximidades ideológicas e distanciamentos, dificuldades enfrentadas, entre outras questões. A antologia pode ser ampliada, trazendo, por exemplo, poemas de autoria feminina, como "A palavra", de Lenilde Freitas (2010); "Com licença poética" e "Sedução", de Adélia Prado (1990); "O mundo necessita de poesia", de Gilka Machado (2017); "Poética", de Maria Lúcia Dal Farra (2002).

O resultado de uma abordagem nessa perspectiva mais analítica está diretamente ligado à experiência de leitura que os alunos têm. Ou seja, se não tivermos um trabalho cotidiano, dificilmente daremos o salto para o trabalho mais analítico que comporta, a seu modo, inegável dimensão prazerosa.

Há outros temas que poderão ser trabalhados: o *medo,* a *velhice,* o *trabalho,* o *corpo* etc. Trabalhamos com esses e outros temas, mas não com módulos, apenas com um texto ilustrativo. Novamente, a criatividade e a familiaridade do professor com textos poéticos e o conhecimento dos interesses dos alunos determinam essas e outras hipóteses de trabalho com a poesia e o texto literário em geral.

Por fim, há que lembrar que a insistência no trabalho (apenas) com núcleos temáticos pode torná-lo cansativo e nefasto (como toda repetição excessiva). O aluno carece de ler livros inteiros ou, no mínimo, antologias de textos de um autor ou de uma época, sobretudo à medida que vai amadurecendo sua experiência de leitura.

Literatura em Minha Casa

O projeto "Literatura em Minha Casa" foi um programa do PNBE e FNDE-MEC que, nos anos iniciais do século XXI, distribuiu pequenas antologias de obras literárias de diferentes gêneros (poesia, literatura dramática, romances, contos, crônicas, literatura popular) a alunos do ensino fundamental. O foco, portanto, não era a escola. Era o aluno-leitor.

Independentemente da discussão que se travou sobre o fato de os livros terem sido entregues aos alunos (de minha parte, acharia mais interessante fomentar a criação de bibliotecas escolares mais equipadas e com profissionais preparados para o apoio ao trabalho de formação de leitores), há que destacar a qualidade de grande parte do material distribuído. Mais de uma dezena de antologias organizadas por temas, ou não, é um material indispensável para o trabalho do professor. Algumas traziam apenas poemas escritos para crianças, outras mesclavam poemas e canções e grande parte apresentava poemas de diferentes autores e épocas. Não havia uma orientação metodológica para que professores e professoras pouco acostumados a trabalhar o poema pudessem ter algumas sugestões de atividades, além da leitura em si, já de grande valor. No entanto, havia antologias, como a organizada por Ana Maria Machado (*Cinco estrelas*) que traziam uma introdução com acuradas reflexões sobre a natureza da poesia.

Um problema a ser apontado: determinados poemas comparecerem em mais de uma antologia, o que revela que quem avaliou e autorizou as publicações não esteve atento a essas questões.

Mesmo tendo acesso a esse material, não cremos que professores e professoras devam ficar isentos de organizar o seu próprio material de trabalho. Temos visto inúmeras professoras, além de utilizarem a coleção, mesclarem poemas de uma e de outra antologia. O número de antologias de poemas da coleção é bastante significativo, como se pode observar naquelas a que tivemos acesso:

1. ***Palavra de poeta*** – com poemas de José Paulo Paes, Henriqueta Lisboa, Mario Quintana e Vinicius de Moraes;
2. ***Um poema puxa o outro*** – com poemas de José Paulo Paes, Marcelo R. L. Oliveira, Ricardo Azevedo e Ricardo Cunha Lima;
3. ***Receita de poesia*** – com poemas de Vinicius de Moraes;
4. ***Meus primeiros versos*** – com poemas de Cecilia Meireles, Manuel Bandeira e Roseana Murray;
5. ***Poemas do mar*** – com poemas de Renata Pallottini, Ana Maria Machado, Dorival Caymmi, Cacaso, Vicente de Carvalho e Casimiro de Abreu;
6. ***Gotas de poesia*** – com poemas de Angela Leite de Souza, Bartolomeu Campos de Queirós, Elias José e Sylvia Orthof;
7. ***Palavras de encantamento*** – com poemas de Elias José, Elisa Lucinda, Ferreira Gullar, José Paulo Paes, Luiz Gama, Manoel de Barros, Mario Quintana, Olavo Bilac, Pedro Bandeira e Roseana Murray;
8. ***Fazedores de amanhecer*** – com poemas de Augusto Massi, José Paulo Paes, Manoel de Barros, Ricardo Silvestrin, Tatiana Belinky e Thiago de Mello;
9. ***Ofício de poeta*** – com poemas de Álvares de Azevedo, Castro Alves, Dilan Camargo, Gregório de Matos, Henriqueta Lisboa, José Paulo Paes, Nei Duclós, Nelson Fachinelli, Olavo Bilac, Patativa do Assaré, Paulo Becker, Paulo Bentancur, Rossyr Berny, Suzana Vargas, Tânia Lopes, Tomás Antônio Gonzaga;
10. ***Trem de Alagoas e outros poemas*** – com poemas de Álvares de Azevedo, Olavo Bilac, Vicente de Carvalho, Castro Alves, Cora Coralina, Juvenal Galeno, Ascenso Ferreira, Rachel de Queiroz, Hermínio Bello de Carvalho, Cecilia Meireles, Vadico, Noel Rosa, Carlinhos Vergueiro, Adoniran Barbosa, João Bosco, Aldir Blanc;

11. ***Amores diversos*** – com poemas de Arnaldo Antunes, Renata Pallottini, Flávia Savary, Mario Quintana, Oswald de Andrade, Mário de Andrade, Olavo Bilac, Casimiro de Abreu, Gonçalves Dias, Tomás Antônio Gonzaga;
12. ***Pé de poesia*** – com poemas de Cecilia Meireles, Ferreira Gullar, Mario Quintana, Cora Coralina, Olavo Bilac, Henriqueta Lisboa, Manuel Bandeira e Sidónio Muralha;
13. ***A descoberta do amor em versos*** – com poemas de Casimiro de Abreu, Gonçalves Dias, Castro Alves, Cruz e Sousa, Alphonsus de Guimarães, Olavo Bilac, Vicente de Carvalho, Álvares de Azevedo, Fagundes Varela e Machado de Assis;
14. ***Bichos de versos*** – com poemas de Ferreira Gullar, Ronald Claver, Cora Rónai, Ulisses Tavares, Carlos Felipe Moisés, Haroldo de Campos, Guilherme de Almeida, Machado de Assis e Fagundes Varela;
15. ***Cinco estrelas*** – com poemas de Chico Buarque, Henriqueta Lisboa, Olavo Bilac, Carlos Drummond de Andrade, Gonçalves Dias;
16. ***Varal de poesia*** – com poemas de Cecilia Meireles, Fernando Paixão, José Paulo Paes e Mario Quintana;
17. ***Poesia fora da estante*** – para crianças – com poemas de Dilan Camargo, Elias José, Millôr Fernandes, Paulo Leminski, Walmir Ayala e outros.

As diferentes antologias temáticas com poemas que fizeram parte da coleção "Literatura em Minha Casa", de certo modo, fortalecem nossa proposta de organização de antologias para o trabalho em sala de aula. Trabalhamos com algumas dessas coletâneas na disciplina "Literatura Infantil e Juvenil", oferecida como optativa à época do aparecimento da série. Além da leitura dos poemas, discutíamos possibilidades de abordagem em sala de aula. Trata-se, portanto, de um importante acervo que, levado à sala de aula numa perspectiva interativa de leitura, discussão, encenação, pode (poderia) em muito contribuir para formar leitores de poemas.

Por fim, é fundamental manter a possibilidade de sempre ajuntar novos textos de poetas recém-conhecidos, de poetas locais, de poetas que ainda não estejam consagrados pelo cânon e tantos outros. Embora a coleção tenha sido suspensa há alguns anos, sua presença em sebos é ainda bastante frequente.

PEQUENAS MONTAGENS

À medida que o trabalho com o texto poético vai se tornando constante, vão surgindo necessidades de procedimentos metodológicos novos. (Estamos pensando sempre na sala de aula, uma vez que quando o aluno sai da escola, nos escapa a possibilidade de acompanhá-lo).

Montagens teatrais mais longas ou pequenas encenações possibilitam um corpo a corpo com o poema, com a experiência de interpretação adequada, que pede inúmeras leituras e releituras individuais, afora os ensaios coletivos. Normalmente, alunos que participam desse tipo de atividade têm mais possibilidades de se tornarem leitores de poesia mais assíduos. As montagens estão situadas num campo fronteiriço. Quando oralmente executada, a poesia é recheada pelo trabalho da inflexão, do gesto, do movimento e até da dimensão visual, quando se trabalha com cenários. O teatro é uma arte que, como a poesia, lida com a emoção, com o sentimento, com a subjetividade. O clima que emana de uma montagem teatral minimamente bem encenada é extremamente poético. Portanto, a aproximação poesia-teatro muito pode ajudar na formação de leitores.

O modo como realizamos pequenas montagens pautou-se pela liberdade de participação dos leitores. Um aluno ou um grupo resolvem encarar determinado poema (muitas vezes são poemas que constam da antologia). O que fazer? O caminho que trilhávamos era quase sempre o seguinte: conversar com os interessados, ouvir o que pensam, dar sugestões, apoiar, incentivar. É quase sempre isto que os alunos querem: nosso apoio e incentivo.

Vimos inúmeras vezes poemas serem encenados por "alunos-problema", alunos tímidos, de quem a escola não esperava muito. O "Caso do vestido", de Carlos Drummond de Andrade (2002) foi encenado por um grupo de alunos do 9º ano. A luta para acertar o ritmo dinâmico do poema, permeado de momentos "pausados" e de outros "mais acelerados", não foi fácil.

Não devemos esperar encenações perfeitas, afinal nosso objetivo não é especificamente uma montagem profissional. Cada ensaio é momento forte de convivência com o poema. Depois, não somos diretores de teatro, somos professores interessados em criar oportunidades de expressão para nossos alunos.

Várias vezes, sem sair da sala de aula, incentivamos nossos alunos a dramatizarem poemas. Certa ocasião, com uma turma de 2º ano de magistério (curso do nível médio que preparava professoras para lecionar nas séries iniciais), montamos os poemas "Sesta" e "Romaria", de Carlos Drummond de Andrade (2002). As alunas improvisaram cenário, vestiram-se a caráter, utilizaram música de fundo. Depois, discutíamos o texto, a montagem.

Para susto nosso, um grupo de doze alunos do 8º ano resolveu, por conta própria, montar o poema "Especulações em torno da palavra homem", também de Carlos Drummond de Andrade (2002). E o fizeram. Criaram a seguinte cena: uma rua movimentada, todos passando com rapidez e alguns recitando os versos/indagações do poema, dirigindo-se aos transeuntes: "Mas que coisa é homem...?" etc. Uma aluna, das mais caladas, procura-me para recitar, sozinha, "José"', de Drummond. Outra declama, emocionada, "Amor e medo", de Casimiro de Abreu (2004). Um rapaz, que mal abria a boca, traz um violão e canta músicas de Cazuza, Vinicius, Chico Buarque numa turma de 1º ano do ensino médio. Nunca é demais repetir: esses gestos participativos não nascem do vazio. Depois de meses de incentivo, é possível colher alguns frutos.

Outra hipótese de trabalho é o que chamamos no início de montagens mais longas. O trabalho aqui é redobrado, pois é necessário usar outros horários. Tivemos algumas experiências desse tipo. O primeiro foi "Drummundo", uma montagem com alunos das três séries do ensino médio privilegiando a dimensão social da poesia do poeta de Itabira. Textos como "A bomba", "Caso do vestido", "José", "Nosso tempo", "A flor e a náusea", "O morto de Mênfis" são alguns dos poemas encenados. Retomo aqui uma experiência que tive quando cursei o segundo período do curso de Letras, com colegas de vários semestres.

"Vinicius: lírico e participante" foi outra montagem que realizamos também com alunos do ensino médio. Procuramos dar ênfase ao caráter social da poesia de Vinicius de Moraes (1987), uma vez que quase sempre o que se prioriza é sua dimensão lírico-amorosa e seu cancioneiro. Não poderiam faltar poemas como "O operário em construção", "A rosa de Hiroshima", "O poeta e a rosa" e o belíssimo "A bomba atômica".

Com Cecilia Meireles (1994), fizemos uma pequena montagem denominada "Leveza", nome de um de seus grandes poemas. Outros textos: "Quarto motivo da rosa", "Desenho", "Sugestão", "Canção", "Canção de alta noite".

Eis aí um rápido painel de atividades que deram certo e podem ser reinventadas, com acréscimo de poemas, inclusão de canções e outros recursos. Para quebrar a monotonia da sala de aula, é preciso arriscar... Normalmente nessas montagens grande parte dos alunos participava: nos cenários, na iluminação, no guarda-roupa, e, sobretudo, no incentivo e apoio aos colegas.

Lembramos, por último, que uma montagem de poemas requer clima específico. Por isso, tememos pelas grandes montagens, com a escola toda presente. Preferimos as apresentações pequenas, com pequenos grupos. Garantimos, assim, um clima ideal, sem o risco do exibicionismo.

Acompanhamos, por solicitação de uma professora da rede estadual, um grupo de estudantes do 9º ano do ensino fundamental na encenação de um poema de Guilherme de Almeida (1993) e de crônicas de Carlos Drummond de Andrade. O poema escolhido era "Os varredores".

Depois de realizarmos várias leituras em voz alta, fazendo com que o grupo percebesse diferentes possibilidades de dizer um verso, dar expressividade a uma palavra ou expressão, trabalhar a altura desta ou daquela palavra, realizamos um jogo dramático em que cada aluno(a) assumia a identidade de um varredor de rua. Depois dessa improvisação, eles começaram a treinar o poema como se estivessem no meio da rua, varrendo e falando os versos do poeta. Na apresentação que fizeram na escola e num evento na Universidade Federal de Campina Grande, vestiram-se de diferentes modos, trouxeram vassouras, pás, sacos de lixo e conseguiram perceber e representar a emoção que nas primeiras leituras não conseguiam sentir no poema.

POESIA E CANÇÃO

Certa vez, numa conversa de sala de aula com alunos do 9º ano, instigamos uma discussão sobre a perda, a separação definitiva de pessoas queridas. A discussão tomou corpo, seguindo basicamente dois eixos: a perda advinda da morte e, o que mais empolgou os alunos, a separação de um ser amado, causada pelo fim de um namoro, por exemplo. Não importa aqui reproduzir as discussões, que não lembramos com detalhes. O que interessa é que determinados temas conhecidos pelos alunos têm boas chances de gerar trabalhos agradáveis, que favorecem a participação e o envolvimento. É mais uma abertura a que devemos estar atentos.

Antes do debate, havíamos escolhido duas canções e dois poemas que, a seu modo, figuravam uma experiência de perda, de separação. No auge da discussão, propusemos que ouvissem as canções e observassem o modo como alguns artistas se colocavam ante a questão em debate.

Primeiro, ouvimos Elis Regina cantando "Atrás da porta" (letra de Chico Buarque de Holanda e música de Francis Hime)[4]. A canção foi ouvida e, a seguir, distribuímos a letra para acompanharmos mais detidamente. A conversa continuou, agora, com outro tom. Sugerimos que comentassem a canção chamando a atenção para a força de determinados versos e imagens.

A seguir, trabalhamos mais uma canção, agora "Pedaço de mim" (de Chico Buarque, interpretada por Zizi Possi). Novamente, ouvimos e lemos a letra. A discussão sobre a letra dessa canção rendeu muito. Os alunos foram percebendo a beleza das imagens que o compositor

---

[4] A canção pode ser encontrada no álbum *O amante*, e a arte de Elis Regina pode ser facilmente encontrada em vídeos do YouTube.

cunhou para dar forma àquela experiência, "ó, metade arrancada de mim", "que a saudade é o pior castigo", "mortalha do amor".

Lemos, a seguir, o "Soneto da perdida esperança", de Carlos Drummond de Andrade (2002). Sugerimos também ler os versos que mais chamavam a atenção — mesmo que não tivessem sido entendidos. Após essa ressonância nascida das leituras em voz alta, dirigimos os alunos para uma leitura comparativa. A qual tipo de perda cada texto se referia? Qual a atitude do eu lírico em cada poema? Que sentimentos são revelados a partir de comparações metafóricas, repetições etc.? Outras perguntas foram sendo feitas para aprimorar a capacidade de análise e apreciação do texto.

Os momentos finais foram de releitura silenciosa dos textos, dessa vez de forma mais prazerosa ainda. Acreditamos que ocorreu aqui aquele alargamento interior, resultante da ampliação de nossa consciência e de nossa "sensibilidade", aspecto desenvolvido no item "Função social da poesia".

O tempo para cumprir todos esses passos é de, no mínimo, duas aulas. E elas voaram na primeira turma; em mais três turmas, repetimos basicamente o mesmo procedimento.

Carecemos ainda de uma pesquisa exaustiva sobre os inúmeros poemas que foram musicados e que poderão ser úteis para um trabalho prazeroso em sala de aula. Conseguimos gravar uma fita, para uso pessoal, contendo alguns poemas transpostos para a música. Apontaremos, a seguir, alguns deles, que podem ser ouvidos e discutidos no contexto escolar.

Os poemas de Ferreira Gullar (2008) "Traduzir-se", "Uma nordestina" (no disco aparece como "Rainha da vida"), musicados por Raimundo Fagner, que musicou também o soneto "Fanatismo", de Florbela

Espanca (1997), o poema "Motivo", de Cecilia Meireles (1993) e "Os amantes", de Afonso Romano de San'tana (2004).

De Carlos Drummond de Andrade (2002), só conhecemos a versão musical de "José", por Paulo Diniz, e a "Canção amiga", musicada por Milton Nascimento.

Na poesia de Vinicius de Moraes (1987), podemos encontrar um conjunto de poemas musicados (ou que nasceram como canções). Um dos mais conhecidos é a "Rosa de Hiroshima" (Moraes, 1987: 265), musicado pelo grupo Secos e Molhados. Um caso bem particular do cancioneiro do poeta é o poema "Rancho das flores", uma letra posta na tocata "Jesus, alegria dos Homens", de J. S. Bach (Moraes, 1987: 385). "Chega de saudade", "Felicidade" e "Garota de Ipanema" receberam música de Antonio Carlos Jobim (Moraes, 1987: 387-388). Por fim, "Minha namorada", com música de Carlos Lyra. Trabalhamos com a lírica de Vinicius de Moraes em um estágio supervisionado, numa escola pública, turno da noite. A recepção à lírica e ao cancioneiro do poeta superou a expectativas dos estagiários. Essas e outras canções foram trabalhadas — lidas, cantadas, discutidas, trazidas para o cotidiano dos leitores.

A poesia de Manuel Bandeira, musicada por diversos compositores, tem um cd gravado por Olivia Hime: *Estrela da vida inteira* - Manuel Bandeira. Poemas conhecidíssimos como: "Vou-me embora pra Pasárgada", "Trem de Ferro", "Balada do rei e das sereias" são belamente musicados e cantados.

Compositores contemporâneos continuam o diálogo com a poesia pelos mais diversos caminhos. Um trabalho de grande valor é o do compositor Zeca Baleiro com poemas de Hilda Hilst , a "Ode descontínua e remota para flauta e oboé. De Ariana para Dionísio", parte do livro de poemas *Júbilo, memória, noviciado da paixão* (2018 [1974]).

Levar canção de qualidade estética para sala de aula é um importante trabalho de resistência à força da cultura de massa que, de certa forma, nivela o gosto musical da juventude. Partindo do gosto do professor e do conhecimento prévio do universo de interesse dos alunos, é possível realizar experiências significativas.

Não tocamos aqui o caráter marcadamente poético de inúmeras letras de canções de compositores como Caetano Veloso, Chico Buarque, João Bosco e Gonzaguinha, Alice Ruiz... para ficar com os mais conhecidos. Aí está também um veio a ser explorado. Muitas vezes, de uma letra aparentemente discreta, podem-se desentranhar inúmeros sentidos. Veja-se a análise que o professor José Edilson de Amorim (2017) faz de "Brasil", de Cazuza.

No ensaio "Canção, poesia e escola", Juliana Amaral Pinto (2000) nos lembra que

> a música popular está muito mais próxima do aluno do que a poesia, e isso é de fácil observação: nosso rádio relógio toca música para nos despertar; em qualquer lugar em que se entre, há "música ambiente"; todos os adolescentes saem nos fins de semana para ir a algum lugar em que se ouve música, não raro bem alto e para dançar; a novela começa e acaba com música; e quem não gosta de ganhar um cd no natal? (Pinto, 2000: 166).

Mais adiante, depois de colocar em questão a qualidade dessa música, a ensaísta nos lembra que "podemos aproveitar a música como porta de entrada na poesia para o aluno" (Pinto, 2000: 166). Ela prossegue sua abordagem analisando as letras de algumas canções associadas a elementos musicais ("a letra da música" e "a música da letras"). Vale conferir os comentários sobre "Refazenda", de Gilberto Gil, "O quereres", de Caetano Veloso, "Águas de março", de Antônio Carlos Jobim, "Feira de mangaio" de Sivuca e Glorinha Gadelha, entre outras referidas ao longo da análise. O trabalho de Juliana Amaral Pinto alia sensibilidade e verticalidade analítica e serve de parâmetro para o trabalho do professor com canções em sala de aula.

Para as séries iniciais do ensino fundamental, há farto material composto por poemas musicados ou de música popular dirigida à infância e de boa qualidade. Fizemos um levantamento ainda limitado de cds com poemas musicados e canções cujas letras ostentam uma dimensão poética:

1. ***O menino poeta: poemas e canções.*** Estúdio Eldorado, com Solange Maria e Coral Infantil. Participação especial de Irene Ravache. Poemas de Carlos Drummond de Andrade, Manuel Bandeira, Vinicius de Moraes, Henriqueta Lisboa, Mario Quintana, Mário de Andrade, Ascenso Ferreira, Cassiano Ricardo, Jorge de Lima e Stella Leonardo.
2. ***Brincando de rodas***, Estúdio Eldorado, com Solange Maria e Coral Infantil.
3. ***Brincadeiras de rodas, estórias e canções de ninar***, Estúdio Eldorado, narração: Elba Ramalho, canto: Solange Maria e Antônio Carlos Nóbrega.
4. ***Arca de Noé 1 e 2,*** de Vinicius de Moraes e Toquinho.
5. ***Casa de brinquedos***, Toquinho.
6. ***Canção para todas as crianças***, Toquinho e Elifas Andreato.
7. ***O Grande Circo Místico***, Edu Lobo/Chico Buarque. Som Livre. Veja-se neste disco o belo poema "Ciranda da bailarina".
8. ***Canções do Brasil***, do selo Palavra Cantada, organizado por Sandra Peres e Paulo Tatit. Canções recolhidas dos estados brasileiros com autoria indicada ou de domínio público.

9. ***Adivinha o que é? MPB 4.*** Canções de nosso cancioneiro popular belamente interpretadas pelo grupo.
10. ***Roda Gigante.*** Canções de Gustavo Kurlat.
11. ***Canções para brincar.*** Selo Palavra Cantada.
12. ***Coletânea de músicas infantis.*** Bia Bedran.
13. ***Cantos, contos e acalantos.*** José Mauro Brant.

Lançar mão dessas canções, aliadas a poemas que não foram musicados, estimula a apreciação estética e a percepção de aproximações e distanciamentos entre as duas formas de poesia. Por exemplo, ouvir "A bailarina" de Toquinho (cd *Casa de brinquedos*) e ler a "A Bailarina", de Cecília Meireles, "Bailarina" de Beré Lucas (1978) pode estimular a imaginação dos ouvintes/leitores, além de suscitar o desejo de cantar os poemas. Outra possibilidade é trazer para apreciação quadros cuja temática seja a dança em geral ou a bailarina, mais particularmente, como a série de Degas (1996).

MUROS PICHADOS, VARAL, PAINÉIS

Em 1982, ano centenário do Colégio Nossa Senhora das Dores, em Uberaba, MG, um grupo de professores de todas as séries (da educação infantil ao ensino médio) organizou uma grande atividade envolvendo, livremente, os alunos do colégio. Tratava-se de pichar com poemas, ilustrações, desenhos livres, cerca de cem metros do muro à frente do colégio. As providências tomadas foram simples:

1. Inscrever toda a escola, sala por sala, para a pichação;
2. Dividir os participantes, visando organizar melhor os espaços, uma vez que havia muitas crianças e jovens;
3. Decidir qual seria o material utilizado: *spray*, pincéis, tintas diversas etc.;

4. Seleção de versos para serem sugeridos aos alunos/pichadores (aqui, também, tivemos sugestões de vários professores e professoras da escola, não apenas os de língua e literatura);
5. Limpeza e pintura do muro; conseguir cavaletes, escadas, caixotes, enfim, material para subir;
6. Fechamento da rua na tarde em que a atividade ocorresse.

No geral, isso foi o encaminhado. Ficou-nos a tarefa de recolher versos para alunos/pichadores que não soubessem o que pichar. Selecionamos mais de cem versos e os deixamos à disposição dos alunos. Muitos os utilizaram, outros trouxeram seus versos, fragmentos de canções, "pensamentos", provérbios, frases próprias. Alguns só picharam, outros só ilustraram, outros ainda picharam e ilustraram o que haviam pichado. As crianças da educação infantil e primeiros anos utilizaram para seus desenhos e frases as partes mais baixas. Alunos a partir do 6º ano utilizaram as partes mais altas.

Foi uma tarde inesquecível. Centenas de alunos pichando, pintando, conversando; professores, funcionários, direção da escola, todos envolvidos. Os passantes paravam, absortos com o que viam.

O muro do colégio por muito tempo foi respeitado pelos pichadores/sujadores profissionais. E inúmeras vezes, nos finais de semana, quando passávamos em frente ao colégio, flagrávamos desconhecidos apreciando o grande painel em que se transformou o muro. Quantos versos foram bebidos pelo observador anônimo que por ali passava!

Quando preenche a sala de aula, a poesia pode transbordar e inundar outros espaços e regar outras experiências significativas.

Outra atividade corriqueira em muitas escolas consiste em montar grandes painéis com poemas, dados biográficos, ilustrações e comentários sobre a poesia de determinados poetas e poetisas. Na mesma perspectiva estão os varais de sala de aula. Neles podemos expor poemas, comentários e criações de alunos, fotos e/ou desenhos com fisionomia de autor. São procedimentos que visam expor o que foi estudado ou criado. Devem, a nosso ver, ser resultado de um percurso e não um fim em si mesmos. Qualquer instrumento que colabore com a divulgação da poesia deve ser incentivado.

COM O LIVRO NA SALA DE AULA

Conforme afirmamos anteriormente, desde cedo é possível trabalhar com livros inteiros, de um mesmo poeta ou poetisa, ou antologias. Relataremos, a seguir, alguns experimentos que realizamos no ensino básico com algumas obras e, a seguir, indicaremos outras, que poderão ser utilizadas pelos professores.

1.

Um dos trabalhos em que houve mais envolvimento dos alunos foi a leitura de *Nariz de vidro*, de Mario Quintana (1984). Tendo em vista os bons resultados do trabalho, fazemos algumas sugestões:

a.

É muito importante que o professor leia o livro antes de apresentá-lo à turma. E o leia de forma sensível, para vivenciar o encanto de certas imagens, comparações. Por exemplo: "A poesia como um seio nascendo", "A vida é nova e anda nua — vestida apenas com teu desejo!". Uma boa leitura supõe, sempre, o retorno a determinados poemas, a determinados versos. Nunca capitular ante a imagem estranha. Ao contrário, se acercar dela, tentar captar o que tem de diverso, de inédito. Nesse movimento de idas e vindas, de retorno constante ao texto, é que se vai adentrando na linguagem do poeta, descobrindo suas ambiguidades, sua ironia, sua delicadeza. Nunca esquecer: "A poesia é paciente" (Bartolomeu Campos de Queirós). A leitura do professor e seu exercício de descoberta da poesia podem (e devem) ser alegres e prazerosos. Necessitamos trazer a poesia para o nosso cotidiano — sentar na rede e ficar relendo aquele poema que mais nos encantou, voltar àqueles versos que mais nos tocaram. Criar, enfim, um ritual para a leitura do poema — como temos para ouvir música, assistir a um jogo de futebol ou outra atividade de que gostamos. Fazer da leitura do poema, nessa fase inicial, uma experiência significativa. Não ser, jamais, imediatista para com o texto poético.

Como não se encantar com "Bilhete"? Como não se enternecer com a simplicidade de "O meu primeiro amor..."? Por último, é aconselhável deter-se em, pelo menos, um poema do livro e analisá-lo. Talvez apenas como exercício pessoal. Assim, o professor se sentirá mais seguro diante do estilo do autor.

b.

Após a experiência pessoal de leitura é que se vai para o trabalho com o texto em sala de aula. É imprescindível tomar alguns cuidados: primeiro, não se devem jogar as coisas todas de uma só vez; o bom é ir devagar. Que tal ler para os alunos — preparar bem esta leitura — o "Bilhete"? Antes, criar um clima, perguntar se alguém já recebeu ou escreveu um bilhete ou uma carta apaixonada; suscitar uma conversa... depois fazer a leitura. (No contexto atual, recorrer aos instrumentos de comunicação entre jovens, sobretudo as redes sociais.) Se tiverem gostado, releia-o ou sugira que um aluno o faça. Criar um jogo de sedução... Após uma boa apresentação do "produto", é possível suscitar interesse, o desejo de conhecer e apreciar outros poemas. Esses jogos estratégicos podem ser dispensados, dependendo da turma, ou até aprimorados. É bom estar atento ao momento. Há que se criar um clima. Estamos querendo formar leitores e despertar para a riqueza de experiências que o poema revela. Portanto, há que se pensar no detalhe. Há que se esperar o momento adequado para iniciar o trabalho.

c.

O livro foi adotado? Como trabalhá-lo? Antes de qualquer outra coisa, ler os poemas em sala. Sugerir que cada um leia em voz alta um poema de que mais gostou. Levar os alunos a falarem do que leram... Se possível, enriquecer mais, através de sugestões, a leitura feita: chamar a atenção para o ritmo, para a pontuação (que em Quintana exige bastante do leitor), não fechar as interpretações; ouvir, chamar a atenção para as diferenças formais — entre um soneto e outros poemas construídos mais livremente, por exemplo. É bom dizer logo: é inadequado querer encher alunos de teorias do verso, de figuras de linguagens. Esses conceitos podem e devem ser mostrados no texto quando assumirem um significado expressivo, sem o qual a assimilação do texto ficaria comprometida.

d.

Muitas vezes, é proveitoso um trabalho prático que, além de movimentar os alunos, propicie maior envolvimento com o livro. Por exemplo, pedir que, em equipes, façam uma entrevista virtual com Mario Quintana. Eles montam as perguntas (baseados na leitura do livro) e as respostas serão os versos do poeta. Um exemplo:

> **Pergunta:** O que você recorda de seu primeiro amor?
> **Resposta:** "O meu primeiro amor sentávamos numa pedra (...)".

Com a leitura de *Nariz de vidro*, realizamos várias entrevistas, em diferentes turmas. O resultado era uma aproximação maior, mais íntima com a lírica do poeta. E houve uma turma que encenou a entrevista. As personagens eram o Poeta (representado por um aluno) e cada um fazia uma pergunta, como se fosse um programa de auditório em que o convidado conversava com o público. Houve alunos que decoraram inúmeros versos para responder às perguntas. Outros liam as respostas.

Outra sugestão: fazer cartazes com versos ou poemas inteiros, ilustrados (ou não) pelos próprios alunos. Depois espalhá-los pela escola. Se houver interessados (o incentivo suscita o interesse), uma pequena montagem teatral por um ou mais grupos é atividade muito significativa. Se conhecer alguém que faça teatro na escola, no bairro, na cidade, solicitar a colaboração... Aqui, entramos no campo da interdisciplinaridade, ainda pouco estudado por nós.

e.

Não cremos ser viável fazer uma prova sobre o livro — com interpretação de texto e outros procedimentos corriqueiros em livros didáticos. Se, por questões específicas, for obrigatório uma avaliação, fazê-la a partir das atividades realizadas.

É fundamental conscientizar o aluno de que a leitura do livro não acabou na sala de aula. Ela deve continuar vida afora... E se a experiência o tiver tocado mais fundamente, ele deverá retornar aos poemas, experimentá-los solitariamente. Esta é a meta: formar um leitor que prescinda do professor. Afinal, a escola, para o aluno, é uma etapa provisória.

2.

Outra obra com que trabalhamos em escolas públicas e privadas, agora com alunos do 6º e 7º anos foi *Classificados poéticos*, da poetisa Roseana Murray (embora na atualidade a presença de jornais impressos venha diminuindo a cada dia, e, portanto, a seção dos *classificados* tenha ficado obsoleta, há, por exemplo, *sites* de compras que usam os mesmos princípios dos classificados. Portanto, o nome pode estar mudando, mas a propaganda jamais pode ser abandonada).

Antes de os alunos conhecerem o livro, conversamos sobre a parte dos jornais denominada "classificados". Sugerimos que elaborassem um pequeno anúncio de jornal para seções diferentes, pouco comuns. Também sugerimos que redigissem anúncios de compra de algo alegre ou engraçado. Íamos lendo os anúncios de compra e venda à medida que iam sendo escritos. Sugerimos que se expressassem do modo mais livre e criativo que conseguissem.

Falamos, a seguir, que havia um livro chamado *Classificados poéticos*, de Roseana Murray (2010) e perguntamos se tinham interesse na leitura. Criamos, portanto, um clima de expectativa para um livro que usava procedimento que eles já conheciam.

Segue um roteiro possível de abordagem da obra, que nasceu de várias experiências de sala de aula.

1. Leitura, antes da adoção, de um ou dois classificados como forma de incentivo e curiosidade. Se não encontrar o termo "classificados", trazer formas de divulgação de produtos diversos, sobretudo em liquidações e promoções. Assim, pode-se criar uma expectativa de leitura agradável.
2. Adotado o livro, ler alguns "produtos" que foram trabalhados pela poetisa como forma de estimular a leitura. A seguir, solicitar que o leiam em silêncio e livremente. Não carece de seguir uma sequência.

3. Depois de mais ou menos 15 a 20 minutos de leitura silenciosa, pedir que leiam os classificados de que mais gostaram. Incentivar para que falem dos motivos de suas escolhas.
4. Criar espaço para críticas. Há alunos que não gostam de determinados poemas e devem externar seu ponto de vista;
5. Fazer uma espécie de jornal dos classificados na própria sala de aula: vários alunos leem classificados livremente escolhidos, procurando dar uma interpretação adequada;
6. Pedir que tragam para a próxima aula classificados de jornais conhecidos (ou de *sites*, lojas etc.). Escolher um ou mais e recriá-los, procurando usar, como a autora, o máximo de fantasia e inventividade. Pode-se fazer também uma espécie de anticlassificados, isto é, divulgações de produtos mostrando mais seus limites, ou o que há de enganação em sua divulgação. Dessa forma, estimula-se o olhar crítico dos alunos ante o que o mercado oferece.
7. Propor que façam um mural na sala (ou em lugar apropriado da escola) com os classificados reinventados pelos alunos.
8. Incentivá-los a ilustrar sua criação, escolher um tipo de letra adequada, espaço chamativo etc.
9. Esse mesmo material pode ser usado, também, num pequeno jornal de classificados ou numa página de Facebook em que serão divulgados tanto poemas da autora estudada quanto as criações dos alunos. Uma ou duas folhas impressas, depois coloridas pelos alunos e distribuídas na escola, poderão conter textos de uma sala inteira.
10. Tanto no mural quanto no jornal, é aconselhável dar o crédito da obra que inspirou a criação dos alunos.

Várias obras, insistimos, poderiam ser levadas integralmente para a sala de aula. Indicamos aqui algumas voltadas para leitores jovens, sempre lembrando que indicar um livro e não criar um percurso envolvente de leitura dificilmente vai contribuir para formar leitores. Na perspectiva que estamos defendendo, o livro de poemas deve ser lido, pelo menos em grande parte, em sala de aula, estimulando a partilha de diferentes pontos de vista, a discussão de determinados poemas, a lembrança de outros, inclusive de autores diferentes.

3.

Um livro de poemas de uma autora contemporânea que pode suscitar um importante trabalho é *Poesia é não*, de Estrela Ruiz Leminski (2011). A obra tem entradas para abordagem em sala de aula. Em trabalho que discute práticas de leitura de poemas, Alves (2016) apresenta um pequeno roteiro de abordagem do livro. Segundo o autor,

> O passo inicial poderia ser uma conversa sobre a capa e título da obra. Que negação é esta? Por que "poesia é não"? Que hipóteses podem ser levantadas? Aqui, uma amostragem do livro — trazer exemplares para sala de aula — a fim de observar o projeto gráfico. O modo pouco convencional de mostrar os poemas poderá instigar a resposta à pergunta inicial. Também sondar sobre o conhecimento que possam ter da poetisa, cantora e compositora, Estrela Ruiz Leminski. Certamente poderá surgir comentário referente ao poeta Paulo Leminski, pai da poetisa, bem como a Alice Ruiz, sua mãe (Alves, 2016: 130).

O autor sugere que se discutam, numa perspectiva comparativa, os poemas "Sylvia desistiu" (Leminski, 2011: 8-9) e "Meu pai português porreta" (Leminski, 2011:10). Sobre o primeiro poema, propõe:

> Após esta conversa inicial, poder-se-ia partir para a leitura do primeiro poema que sugerimos: "Sylvia desistiu...". Após a leitura, pelo menos duas vezes, realizada por diversos alunos, propor uma conversa sobre os nomes de mulheres elencadas. Se conhecem algumas delas, o que sabem, que significado têm seus nomes. Que sentido eles atribuem à repetição de "teimando"? Que relação pode ter com cada personagem? Aqui é importante o professor pesquisar um pouco sobre as referidas personagens, a fim de contribuir para um alcance maior da leitura. Também pode-se estimulá-los a se informarem sobre elas e a trazerem, noutro momento, suas descobertas. Outra hipótese, visando ampliar conhecimentos e reconhecer valores em pessoas que muitas vezes estão próximas e não observamos, é solicitar que tragam outras personagens fortes, lutadoras que possam conhecer: um familiar, uma artista, uma religiosa, alguém que enfrente a dificuldade da vida com firmeza. Sempre importante lembrar: o valor não está em ser estrela, ser famosa, mas nos valores que cultiva, no enfrentamento da vida (Alves, 2016: 132).

Com relação ao segundo poema, o autor novamente destaca a necessidade da leitura oral repetidas vezes. O poema convida a uma leitura intertextual devido às várias referências histórico-culturais que traz. Referências à "Quarta Internacional", ao "18 Brumário", a Sócrates, às *Metamorfoses*, de Ovídio, entre outras. Alves (2016: 134) propõe ainda:

> Seria interessante trazer para sala a canção de Chico Buarque, "Paratodos". A canção permitirá uma boa reflexão comparativa sobre as nossas tradições, sobre a complexidade que está no fundo da construção de nossa identidade.

O livro de Estrela Ruiz Leminski compõe o acervo do PNBE, o que facilita o acesso a leitores de escolas públicas de todo o Brasil.

Outros livros poderiam ser levados à sala de aula do ensino médio, como *Odes mínimas*, de José Paulo Paes (1992); *Distraídos venceremos,* de Paulo Leminski (1993), *A corça no campo*, de Lenilde Freitas (2010); *Zoo imaginário*, de Sérgio de Castro Pinto (2005). No âmbito da literatura de cordel, vários folhetos têm sido publicados ou individualmente, ou em antologias. Por exemplo, o livro *Dez cordéis num cordel só*, de Antonio Francisco (2006).

LENDO POEMAS COM ALUNOS DE LETRAS

Nos cursos de Letras, não é comum uma abordagem do poema que privilegie a sensibilização do leitor. Acredita-se que estudantes que escolhem um curso de Letras já tenham uma experiência de leitura significativa do texto literário. Esquece-se que, na maioria das escolas de ensino médio, públicas e privadas, a experiência de leitura do poema restringe-se ao que é oferecido pelo livro didático. A quase maioria dos alunos que chegam ao curso de Letras não leu integralmente um livro de poemas. No período em que as próprias universidades organizavam seus vestibulares, quando indicavam livros de poemas, boa parte dos alunos lia. Como o ENEM não indica obras literárias, cada vez mais a leitura de livros integrais fica dificultada.

Essa condição de chegada dos novos alunos deveria servir de pista para se trabalhar o poema com os calouros, porque temos de lidar com o aluno real e não ficar no infinito jogo de culpar o ensino médio que, por sua vez, culpa o ensino fundamental e assim vai.

No caso da UFPB — Campus II, Campina Grande[5], a disciplina que trabalha diretamente com o poema é "Teoria da literatura I". Embora de caráter teórico, a disciplina pode e deve contemplar em seu conteúdo programático o trabalho de sensibilização do jovem acadêmico. Trabalhar a sensibilização não significa deixar de lado as questões de caráter formal e teórico. É perfeitamente possível chamar a atenção para a beleza de uma imagem, para um ritmo, para o andamento de um verso, para a configuração gráfica de um poema e, ao mesmo tempo, compreender o sentido daquela imagem, o efeito alcançado por aquele ritmo, aquele andamento, aquele modo de construção. Ou seja, é possível ir além da sensibilização, fazer uma leitura integradora que vá da forma ao sentido e vice-versa; esse movimento é também, a seu modo, de sensibilização. Grandes leitores de poesia como Antonio Candido (2000), Davi Arrigucci Jr. (1990), Alcides Villaça (2006) nos mostram em suas leituras rigor, precisão analítica e sensibilidade.

Sensibilidade se cultiva oferecendo poemas de nível estético comprovado, indicando como uma experiência humana se alçou à condição de símbolo; mostrando estudos que souberam desentranhar sentidos de poemas pelos quais muitas vezes passamos desapercebidos. É sempre bom lembrar que um dos objetivos de qualquer curso é oferecer uma bibliografia de apoio para o aluno que queira ir mais longe. Jamais esconder bibliografia. Ainda acontece de professores apresentarem, por exemplo, excelentes análises de poemas e "esquecerem" de dizer que não foram eles que chegaram àquela riqueza semântica. Em tempos em que a cultura de massa cada vez mais oferece padrões fáceis, variações sobre o mesmo tema que pouco exigem da inteli-

[5] Até 2002, erámos um Campus da UFPB. A partir de então, foi criada a Universidade Federal de Campina Grande, com vários *campi* espalhados pelo interior do estado.

gência e sensibilidade do leitor, o trabalho do professor de literatura oferecendo objetos artísticos de valor se faz cada vez mais necessário e urgente.

Fora do campo específico das disciplinas que compõem o currículo, é possível criar espaços de convivência de divulgação da poesia.

Queremos relatar duas experiências que realizamos na UFPB/UFCG, em Campina Grande, PB. De certa forma, essas experiências estão intrinsecamente ligadas ao trabalho realizado na disciplina de "Teoria da literatura I" e em cursos de extensão com duração de 16 horas (sobre "Poesia na sala de aula", "Leitura de poemas: realização oral", "O trabalho com o poema de cordel", dentre outros) que inúmeras vezes ministramos. Nesses cursos, sempre aliamos o trabalho de sensibilização ao estudo crítico-analítico dos poemas, apoiando-nos em elementos de teoria da literatura. A partir da experiência de sala de aula, foi surgindo um desejo — meu e das alunas — de ampliar a convivência com o poema. Portanto, nenhuma das duas experiências apresentadas a seguir surgiu de um "projeto" bem estruturado, com objetivos, fundamentação e outros itens exigidos pelo formalismo acadêmico. Elas têm o jeito de algo que se vai definindo lentamente — sobretudo a primeira experiência — ao sabor e no embalo da leitura dos poemas.

Grupo Bagagem

A primeira experiência realizou-se entre 1994 e 1995. Convidamos, num período de longa greve, um grupo de alunas de diferentes períodos com as quais tínhamos mais contato para, às tardes, lermos poemas de diferentes poetas. Tendo em vista que em períodos de greve muitos alunos retornam à sua cidade natal, o convite ficou restrito às pessoas que moravam em Campina Grande. Os poemas lidos no primeiro encontro foram indicados por mim. Distribuí os poemas, cada uma fez uma leitura silenciosa e, a seguir, uma leitura oral. Predominavam poemas de Adélia Prado, Carlos Drummond de Andrade e Manuel Bandeira. A cada leitura realizada, o grupo discutia, fazia sugestões, chamava a atenção para determinadas imagens, certos ritmos etc. Cada uma voltava para casa com a tarefa de "melhorar" a leitura oral, tendo em vista as discussões realizadas e as descobertas pessoais. Sugeri que lessem o poema em voz alta diversas vezes, que pesquisassem o melhor tom, momentos que deveriam ser lidos com mais força, outros que pediriam rapidez ou lentidão etc.

Nos encontros que se seguiram, ficávamos lendo e relendo os poemas. Quando uma achava que a leitura de um verso poderia ter outra realização, tentava fazê-lo oralmente. Queríamos que houvesse essa troca de descobertas que se dava na realização oral. Passávamos, às vezes, de 2 a 3 horas nessas atividades. "Ensaiávamos", inicialmente debaixo das árvores do *campus*, em pátios ou salas de aula; trabalhávamos em duplas, solitariamente ou em grupo maiores.

Quando a realização oral nos pareceu amadurecida, iniciamos um processo de "encenação" dos poemas. Talvez este tenha sido um dos momentos mais difíceis da experiência. Criar uma marcação para os poemas e encontrar elos mínimos entre um texto e outro pressupunham uma compreensão do significado de cada poema para se poder criar uma situação especial que ajudasse a perceber seu sentido.

Os encontros tornaram-se demorados, às vezes cansativos. Mas iam sendo regados a um café trazido por uma, um bolo e um biscoito trazidos por outra, tudo poeticamente digerido. Criar um gesto que não traia a concepção do poema é algo complexo, exige idas e vindas, longos fazer e refazer. Vale lembrar que apenas uma participante do grupo tinha experiência de representação teatral.

Conseguimos chegar a um padrão de ordenação cênica e, a partir daí, passamos a ensaiar uma ordem de apresentação. Essa ordem teve também suas idas e vindas e diversas mudanças. Nem precisa dizer que um processo como este foi perpassado por dias de irresistíveis gargalhadas, por erros de texto, por troca de entradas e saídas e outros deslizes. Não éramos atores, mas queríamos ter uma experiência mais corporal com a poesia.

Segue abaixo a relação dos poemas trabalhados na sequência final da apresentação:

1. Adélia Prado: "Dona doida" e "Briga no beco";
2. Camões: soneto "Alma minha gentil, que te partiste";
3. Carlos Drummond de Andrade: "Caso do vestido", "O boi" e "Infância";
4. Cecilia Meireles: "Epigrama", "Retrato", "Elegia" (fragmento); "Improviso";
5. Manuel Bandeira: "Última canção do beco", "O último poema";
6. Mario Quintana: "Bilhete";
7. Vinicius de Moraes: "Desde sempre" e "A bomba" (fragmento).

O grupo realizou vários apresentações. A primeira foi a convite do CENTRAC[6]. O evento do qual participamos era uma feira de arte voltada para trabalhadores e operários em geral. Depois da primeira apresentação, discutimos o que havia ou não funcionado, como nos

[6] CENTRAC – ONG de Campina Grande que faz assessoria a trabalhadores rurais na região do Brejo Paraibano.

sentimos e o que fazer para ficarmos mais seguros... e continuamos os ensaios.

A montagem quase não lançava mão de adereços de cena e de caracterização. Confiávamos na força da palavra devidamente interpretada, guiados um pouco pelos estudos de interpretação dramática de Constantin Stanislavski (1976, 1990). Outras apresentações foram feitas: duas vezes na Universidade, uma vez em Esperança, cidade próxima a Campina Grande.

Continuávamos a nos reunir, mas com o reinício das aulas, o tempo era mais escasso. Passamos a nos encontrar às quintas-feiras, das 17h às 19h, às vezes até um pouco mais tarde, na sala do então LAERLE (Laboratório de Apoio ao Ensino de Redação e Leitura). Havia uma frequência de quase 100% das participantes, embora se tratasse de uma atividade completamente extracurricular.

A coordenadora do curso de Letras à época, professora Maria Auxiliadora Bezerra, convidou-nos para participar da IV Semana de Letras. Em uma das reuniões, discutimos como seria essa participação e chegamos a um consenso: faríamos uma apresentação de poemas de Cecilia Meireles. Alguns deles já eram conhecidos, mas buscamos a obra completa da poetisa carioca, bem como antologias, e distribuímos o material entre as participantes. Cada uma ficou responsável pela leitura de um livro e pela escolha/sugestão de poemas que mais agradassem. Foi um tempo de leituras e pesquisas individuais. Apenas duas alunas haviam cursado "Literatura brasileira IV" e, portanto, conheciam, via currículo, um pouco da obra de Cecilia Meireles. O envolvimento do grupo superou o esperado. Conversávamos sobre os poemas fora do encontro, trocávamos livros, líamos poemas uns para os outros.

Após essa fase de amadurecimento, nos reunimos para a leitura dos poemas que cada uma escolhera. Retomamos o mesmo modo de trabalho da montagem anterior: leituras orais individuais ou em grupo; discussão sobre o modo como cada participante estava lendo seu texto; discussão sobre a natureza de cada poema — seu sentido, a experiência humana simbolizada nele; atitudes do eu lírico diante das coisas e do mundo.

Depois, partimos para a encenação propriamente dita, isto é, organizamos a sequência a ser seguida e buscamos uma movimentação adequada a cada poema. Essa fase sempre foi uma das mais difíceis. Adequar gesto e palavra para nós, que não éramos atores, e tendo como matéria a lírica de uma poetisa tão contida foi tarefa árdua. Os poemas infantis nos facilitaram a tarefa. Por exemplo, na montagem de "Leilão de jardim", foi possível envolver todo o grupo. Contamos com a participação, nesse poema, de outra estudante que confeccionou material para uso manual das participantes.

Segue a sequência dos poemas escolhidos, estudados e apresentados:

1. "Leveza"
2. "Canção de alta noite"
3. "Retrato falante"
4. "Mulher ao espelho"
5. "Retrato em luar"
6. "Lua adversa"
7. "Leilão de jardim"
8. "Sugestão"
9. "Canção"
10. "Embalo da canção"
11. "Quarto motivo da rosa"

12. "Se eu fosse apenas"
13. "Canção"
14. "Canção excêntrica"
15. "Desenho"
16. "Acalanto"
17. "Aceitação"
18. "Reinvenção"
19. "A arte de ser feliz" (crônica)

Fizemos apenas uma apresentação dessa montagem. Houve convites de escolas, mas não foi mais possível conciliar nossas agendas.

As participantes do Grupo Bagagem estão hoje, de um modo ou de outro, ligadas à sala de aula ou à pesquisa. Solicitei às que pude localizar um rápido depoimento sobre a experiência e seu significado na vida pessoal/profissional. Seguem algumas falas:

> Participar do grupo "Bagagem" foi uma oportunidade de me relacionar com a poesia de forma mais concreta, mais física para mim. Foi encontrá-la, senti-la, gritá-la, vesti-la. Foi experimentá-la de várias formas, o suficiente para nunca mais me livrar dela...
> (**Mônica Araújo**. Licenciada em Letras pela UFPB-Campina Grande, mestra em Linguística Aplicada e doutora em Semântica pela UNICAMP)

> O contato com a literatura sempre representou para mim a passagem para um mundo de sonhos e fantasias. Ao ser convidada, quando graduanda do curso de Letras, para fazer parte de um grupo para ler e divulgar poemas de diferentes poetisas, senti-me fazendo parte desse universo complexo que é a literatura. Essa experiência trouxe para meu cotidiano profissional um enriquecimento, pois consigo provocar uma expectativa em meus alunos quando faço referência aos momentos

vividos no grupo Bagagem. Alguns alunos me propuseram fazer algo parecido, pois gostariam também de entrar neste universo da leitura literária. Apesar de não ter tanta experiência, a ideia agrada-me muito porque o mais importante é o contato deles com a beleza e a riqueza do universo literário.
(**Joilma Gomes.** Licenciada em Letras e especialista em Linguística Aplicada pela UFPB-Campina Grande, professora de rede particular em Campina Grande e do município de Boqueirão.)

Acredito que o Bagagem tenha marcado a vida de todos os seus integrantes. Nas reuniões, a conversa sobre os poemas, os poetas e sobre nós mesmos fornecia material para a realização oral dos poemas. O Bagagem representa a efetivação da ideia de que, sem adornos teatrais e na sua própria densidade, a poesia pode ser vivenciada e mais, essa vivência é um aprendizado, um constante exercício do universo poético e humano. Para mim, a descoberta da poesia de Cecilia Meireles se deu no grupo Bagagem. Desse contato resultou uma monografia de bolsista do PET-LETRAS e, posteriormente, minha dissertação de mestrado e uma convivência cotidiana com a poesia da escritora carioca.
(**Rejane Tito.** Mestra em literatura brasileira pela USP. Hoje atua na área da psicologia clínica em São Paulo)

Meu afastamento, a partir de 1996, para doutorado, levou à suspensão da experiência, que poderia ter envolvido outros alunos. Mas, como se pode observar pelos depoimentos, o grupo marcou a vida e a profissão de todas.

O PET-Art

O PET (Programa de Educação Tutorial) foi mantido durante vários anos pela CAPES. Entre os anos de 2000 e 2002, o programa foi extinto, mas graças à luta dos próprios alunos/bolsistas e de alguns tutores, o Programa continuou seu projeto de formação. A partir de 2003, sob o governo Lula, ele foi incorporado ao MEC-SESU e teve um crescimento significativo em todo o país. Trata-se de um grupo de, em média, 10 a 12 jovens que, sob a batuta de um(a) tutor(a), dedica-se à formação continuada. Os alunos e alunas têm uma bolsa de estudo do momento de ingresso no grupo até a saída da Universidade.

O grupo PET-Letras de Campina Grande foi criado em 1992 pelo professor Alzir de Oliveira, primeiro tutor, substituído em 1996 pelo professor Luís Francisco Dias. Em meados de 2000, assumimos a tutoria do PET-Letras em meio a uma crise gerada pela própria CAPES, que desfez arbitrariamente o programa.

Em abril de 2001, realizamos uma nova seleção para bolsistas, que resultou no ingresso de seis novos participantes. Foi com esse grupo mais jovem que iniciamos a experiência batizada pelo próprio grupo como PET-Art. Em meio aos estudos de rotina, o grupo resolveu fazer uma experiência diferente, não apenas ligada à reflexão teórica, mas voltada para a experiência sensível da arte — no caso, da poesia. Diferente do Grupo Bagagem, nessa experiência não havia montagem teatral. Apenas leitura, releitura e discussão dos poemas, leitura de crítica sobre o poeta escolhido e, depois, a criação de um modo lúdico de apresentar os poemas aos estudantes de Letras.

Um traço marcante da experiência foi também o trabalho coletivo, característica dos grupos do PET. Desde a escolha do poeta/poetisa a apreciar e estudar até a montagem da apresentação, tudo foi realizado em conjunto, inclusive envolvendo estudantes que não eram do grupo.

O poeta escolhido para ser divulgado de modo lúdico foi José Paulo Paes (2008). Colocamos à disposição dos bolsistas diversos livros de poemas do autor, incluindo os infantis.

Cada participante ia lendo as obras e selecionando poemas que lhe chamassem a atenção. Nesse processo, os livros iam sendo trocados, de modo que cada aluno lesse o maior número possível de poemas. Criou-se um ambiente marcado por conversas sobre o poeta e comentários que favorecessem uma certa familiaridade com a poesia — poemas irônicos, eróticos, metalinguísticos etc.

O passo seguinte foi reunir todos, e cada um indicar os poemas de que mais gostara. Fizemos uma antologia com cerca de 40 poemas. De posse da antologia, passamos a pensar como faríamos para divulgar o poeta de modo lúdico, alegre. Escolhemos uma turma de calouros e combinou-se que faríamos uma apresentação do poeta com leituras orais de poemas, colagem de fragmentos pela sala, audição de uma fita em que o poeta falava seus textos, leitura de livros infantis em pequenos grupos. Depois dessa primeira apresentação, realizamos outras para a comunidade acadêmica em geral. O irmão de uma bolsista fez cartazes de divulgação do PET-Art, que foram colados em todo o Centro de Humanidades, bibliotecas e demais espaços. Também foi confeccionado um convite individual para os alunos em geral. A programação foi a seguinte:

PAUTA DO PET-ART

(24 agosto de 2001)

Roteiro de apresentação:

1. Recepção aos convidados;
2. Circulação pelo ambiente lendo poemas espalhados pelas cadeiras, colocados nas paredes e folheando livros;

3. Apresentação da proposta e audição dos poemas "O aluno" e "Madrigal", na voz de José Paulo Paes;
4. Sugerimos que os participantes lessem poemas inteiros e/ou fragmentos de poemas colocados nas cadeiras;
5. Leitura do poema "Cadê";
6. Leitura do poema "O aluno";
7. Distribuição de poemas numa cesta de poesia e leitura oral pelos participantes;
8. Leitura do poema "À televisão";
9. Leitura do poema "O cúmplice" e "Hino ao sono";
10. Nova rodada de leitura pelos convidados dos poemas recolhidos na cesta;
11. Leitura do poema "À garrafa";
12. Leitura do poema "Cristandade";
13. Divisão da sala em pequenos grupos, distribuição de livros infantis de José Paulo Paes e leitura dos poemas pelo grupo;
14. Cada grupo escolhe um ou mais poemas do livro infantil e lê para a sala;
15. Leitura do poema "Promissória ao Bom Deus" pelo grupo do PET-Art;
16. Cada participante é convidado a ler os versos de que mais tenha gostado;
17. Momento final: *lanche poético*, uma antologia com poemas de José Paulo Paes.

Espalhamos entre os alunos que haveria um "lanche poético" no final do PET-Art. No lanche, fez-se a entrega da antologia organizada pelos alunos a cada participante. Cerca de 50 pessoas participaram do encontro, contando professores da rede pública e privada, alunos de Letras, Sociologia, Educação e outros. No final do encontro, surgiram dois convites para fazermos uma apresentação naquele estilo em uma escola pública.

Avaliada a experiência, o grupo decidiu que deveria dar continuidade ao trabalho. Inicialmente, fazendo outras "apresentações" com a poesia de José Paulo Paes e, posteriormente, trabalhando com outros poetas e poetisas.

PRIVILEGIAR O DEBATE

Não é possível, no decorrer de um ano de atividades com o texto literário, lançar mão de procedimentos didáticos sempre diversificados. Por mais que mudemos as formas de abordagem dos textos, chegará o momento em que teremos de nos repetir.

Alguns procedimentos referidos ao longo da apresentação de nossa experiência devem ser usados, mas com intervalos. O valor de uma aula não está apenas em sua novidade. Um procedimento novo usado num momento inadequado compromete tanto o procedimento em si quanto a aula e a própria poesia. E o que fazer quando nos falta um recurso prático, eficiente? A resposta que encontramos é ler, ler sempre. Algumas aulas não devem ter nada de novo, só a leitura individual e silenciosa. E ler o quê? Os livros indicados, as antologias, textos livremente trazidos pelos alunos etc. O contato solitário com o poema em sala de aula (e em casa) tem valor educativo insubstituível. É a hora de, embora nem tão consciente, o aluno assustar-se com determinadas imagens, sonhar com uma descrição, emocionar-se com uma experiência revelada no texto. Muitas vezes, uma palavra gera, na leitura individual, uma reflexão ou a descoberta de algo que estava escondido em sua interioridade.

Há um lugar na experiência de leitura literária dificilmente mensurável. Portanto, querer dirigir e amarrar demais as atividades pode ser fator de distanciamento do texto literário. E é aqui que entra o procedimento didático que deveria ser sempre privilegiado no espaço escolar: o debate. Há, basicamente, duas formas de debates: a primeira consiste em preparar os alunos para discutir determinada obra, tema ou acontecimento. Nessa perspectiva, é necessário indicar previamente o tema, fornecer material preparatório. A segunda consiste em perceber a demanda dos alunos em um momento específico e deixar fluir o debate. Quantas vezes, em aulas só de leitura individual, irrompem um problema, uma ideia que suscitam calorosa discussão?

É preciso privilegiar o debate, sobretudo, por ser um instrumento democrático, por ser um momento de todos revelarem, se quiserem, seus pontos de vista, suas discordâncias, certos de que não estão sendo avaliados. Muitas vezes, por causa de uma nota, os alunos dizem aquilo que supõem que queremos ouvir. Se a aula se torna espaço de aprendizagem em que não se ridiculariza ninguém por ter um pensamento diverso (de "direita" ou de "esquerda", "tradicional" ou avançado" e outros), os alunos se colocam mais livremente porque sabem que não serão rotulados.

O enfrentamento das ideias não deve ter, sobretudo em sala de aula, caráter de disputa no sentido de saber quem perdeu ou quem ganhou. A função do professor — como aquele que medeia o debate, aponta excessos, levanta pontos que alimentam a discussão de ideias, cuida para que não se caia na agressão individual — é das mais importantes. O professor deve ser também aquele que indica fontes para aprofundamento, que fornece bibliografia adequada. A indicação de fontes de estudo deveria ser incentivada desde cedo.

Bordini e Aguiar (1988), entre cinco métodos de abordagem textual estudados, chamam a atenção para a importância do debate na efetivação do método recepcional. "O processo de trabalho apoia-se no debate constante, em todas as suas formas; oral ou escrito, consigo mesmo, com os colegas, com o professor e com os membros da comunidade".

Qualquer método de abordagem textual, direta ou indiretamente, pode (e não deve dispensar) lançar mão do debate. Nem que seja somente para avaliar uma atividade concluída. Em nossa experiência, sempre debatemos sobre o trabalho realizado. Avaliávamos o nível de envolvimento da turma, o prazer de ler as obras e de realizar tarefas específicas. O modo como o professor conduziu os trabalhos, condições materiais que facilitaram ou entravaram o andamento da experiência e outros itens que porventura aparecessem. Portanto, mesmo quando privilegiamos outros métodos, que não o recepcional, o debate permeia, direta ou indiretamente, nossas atividades.

POESIA E JOGO DRAMÁTICO

O modo de abordar o poema em sala de aula constitui, para nós, uma preocupação antiga. Embora acreditemos que a leitura em voz alta deva ser uma prática cotidiana, sem dúvida se faz necessário buscar alternativas de abordagem que fujam, sobretudo, dos esquemas meramente cognitivos/informativos, do tipo: "Que verso informa que o poeta ficou muito triste?" Estamos pensando nos períodos escolares iniciais, em que o gosto pela leitura do texto poético é sedimentado ou afastado — às vezes, para o resto da vida, dependendo do modo como se trabalha.

A tentativa de aproximar poesia e jogo dramático nasceu da necessidade de oferecer alternativas lúdicas, criativas, que não se prendam ao meramente formal e informativo. Quando nos chegou à mão o livro de Peter Slade, *O jogo dramático infantil* (1978) — com inúmeras sugestões, a muito bem fundamentada defesa do valor educativo do jogo dramático, os cuidados sugeridos para sua realização —, percebemos que poderíamos aliar nossa experiência com poesia à criação de jogos dramáticos. Ou seja, o jogo dramático, que pode nascer de um aspecto da narração, de um barulho, de uma brincadeira, poderia também ser motivado por um texto poético. Era necessário comprovar a hipótese. E fomos a campo.

Relataremos aqui momentos-chave de nossa experiência com poesia e jogo dramático em sala de aula. Primeiro, daremos uma visão geral do que é o jogo dramático — definição, importância pedagógica, modos de executá-lo. A seguir, descreveremos algumas experiências que vivenciamos com ele a partir de poemas. Por último, elencaremos alguns poemas que oferecem elementos para sua realização.

DUAS CONCEPÇÕES DE JOGO DRAMÁTICO

O jogo dramático é bastante utilizado em aulas de teatro e conta hoje com uma produção bastante rica. Lançar mão de poemas, de cenas de narrativas, de fábulas, de determinados personagens para a elaboração desses jogos pode contribuir para vivência mais corporal do texto literário.

Slade (1978) e Ryngaert (1981) formularam, de certo modo, uma tipologia do jogo dramático no espaço escolar. Para Slade (1979), "o jogo dramático infantil é uma forma de arte por direito próprio; não é uma atividade inventada por alguém, mas sim o comportamento real dos seres humanos" (Slade, 1979: 17) Jogado em grupo, portanto, ele favorece a criação coletiva e evita o estrelismo. Ou seja, "o jogo dramático é uma actividade colectiva. O grupo é o lugar onde o indivíduo se elabora 'para si' e com os outros (...)" (Ryngaert, 1981: 34). Portanto, ele "não reclama actores virtuosos, competentes em todas as técnicas de expressão" (Ryngaert, 1981: 34). Também não demanda "cenários, trajes, adereços no sentido tradicional. A construção do espaço de jogo faz-se a partir do espaço escolar e do mobiliário corrente chamados a novas funções. Uma caixa de ferramentas composta por objetos quotidianos e materiais brutos pode ser utilizada em função das necessidades" (Ryngaert, 1981: 35).

Slade (1978: 17), por sua vez, lembra que o jogo dramático "é uma parte vital da vida jovem. Não é uma atividade de ócio, mas antes a maneira de a criança pensar, comprovar, relaxar, trabalhar, lembrar, ousar, experimentar, criar e absorver. O jogo é, na verdade, a vida". O autor classifica o jogo dramático em dois modelos. Primeiramente, o "jogo projetado" em que é usada

> a mente toda, mas o corpo não é usado tão totalmente. Usam-se tesouros (bonecas, tijolos, papel velho etc.) que ou assumem caracteres da mente ou se tornam parte do local ('palco' no sentido teatral), onde o drama acontece. Ocorre neste jogo uma forte projeção mental (Slade, 1978: 19).

Com relação ao jogo pessoal, ele afirma ser "o drama óbvio" em que

> [...] o eu total é usado. Ele se caracteriza por movimento e caracterização, e notamos a dança entrando e a experiência de ser coisas ou pessoas. No drama pessoal, a criança perambula pelo local e toma sobre si a responsabilidade de representar um papel (Slade, 1978: 19).

Observa-se, portanto, que o jogo dramático se constitui numa ação natural das crianças e, ousamos dizer, do ser humano em geral. Mesmo que fisicamente não realizemos mais esses jogos ao modo das crianças, nossos devaneios, muitas vezes, cumprem essa função simbólica da representação.

Vejamos agora algumas experiências que realizamos com o jogo dramático em turmas iniciais do ensino fundamental, sempre com a colaboração das professoras e de alunas estagiárias.

Antes de trabalhar propriamente o jogo dramático a partir da leitura de poemas, é da maior importância fazer com as crianças alguns jogos, primeiro para mobilizar suas fantasias, fazê-las acreditar mais na sua própria imaginação. De qualquer forma, mesmo que a escola não dê muita atenção a esse tipo de atividade, muitas vezes, nos horários vagos, as crianças realizam livremente seus jogos em geral e, mais particularmente, alguns jogos dramáticos.

DOIS EXEMPLOS[1]

O jogo pode começar a partir de estímulos como a audição de um apito, uma batida forte na mesa, gritos, miados etc. O professor solicita aos alunos que fechem os olhos, ouçam com atenção e respondam ao que foi perguntado. Mas a resposta não deve ser referencial. Convenciona-se que a resposta será o que aquele barulho lhes sugere. Ou seja, se ouvirem um "apito", poderão dizer que "foi um guarda noturno". E o professor continua: "Onde ele está?", "o que ele viu?" etc. O professor vai fazendo perguntas maximamente sugestivas, que possibilitem respostas fantasiosas criativas. Quando houver um conjunto de respostas, é hora de parar e, juntos, elaborarem uma história.

Nunca se esquecer de que essa história será encenada por todos. Serão necessárias, portanto, muitas personagens, animações (casas, plantas, animais podem ser personagens).

Um exemplo realizado com crianças do 3º ano do ensino fundamental ilustra minimamente esse processo. As respostas foram dadas por

[1] Há várias obras que trazem uma diversidade de jogos dramáticos que poderão ser retomados e recriados pelos professores. Destacamos o trabalho Olga Reverbel (2010).

quase todos os alunos presentes à atividade. Depois de batermos na mesa da sala, interrogamos:

Pergunta: O que foi isto?
Resposta: Foi uma porta que bateu...
Pergunta: Quem deixou a porta aberta?
Resposta: Um menino que fugiu de casa...
Pergunta: Fugiu por quê?
Resposta: Para não ir pra escola.
Pergunta: Por onde ele está indo?
Resposta: Por uma estrada desconhecida...
Pergunta: O que ele está sentindo?
Resposta: Medo, pois não sabe voltar...
Pergunta: E agora, o que ele vai fazer?
Resposta: Ele encontrou um macaco e está conversando...
Pergunta: O que estão falando?
Resposta: O macaco chamou ele para ir para uma festa.
Pergunta: Onde é a festa?
Resposta: Na floresta...
Pergunta: Que animais irão à festa?
Resposta: Elefante...
Resposta: Gato...
Resposta: Cachorro...
Resposta: Vaca...
Resposta: Cavalo...
Resposta: Porco... (...)

A seguir, conversamos sobre as "ideias" levantadas e organizamos uma encenação da festa dos animais. Vários detalhes foram sendo pensados pelos próprios participantes: o gato era cantor; o elefante, dançarino; os macacos, garçons; a recepcionista da festa era uma pedra falante.

Ficou convencionado que a festa teria dois momentos: primeiro, o *show*, em que cantores e dançarinos se apresentavam; depois, comes e bebes e conversas em geral. A encenação repetiu-se várias vezes; as paradas visavam enfrentar impasses, ordenar melhor o enredo ou acrescer algo que não havia sido pensado. Os laivos criativos (ligados sobretudo à improvisação) surgem o tempo todo. Lembro-me de que os garçons pararam a festa para avisar que a bebida havia acabado. Muitos reclamaram da organização e começaram a se dispersar... Mas um dos animais salvou o impasse: "Ora essa, acabou a bebida, então agora vamos tirar leite da vaca para substituir a bebida". Fez-se o sugerido, com os devidos protestos das vacas presentes.

O tempo de organizar um jogo como este pode variar de 50 a 100 minutos, tendo em vista o ir e vir, as repetições. O processo criativo é o grande valor educativo.

Edith Korman (s.d.) dá algumas sugestões de jogos dramáticos que podemos realizar com salas inteiras. Transcrevemos um exemplo no intuito de mostrar como o processo criativo não é tão difícil quanto pensamos. Diferentemente do exemplo anterior, aqui o roteiro está posto. No entanto, pode ser modificado pelo grupo. Vejamos:

"O viajante e os macacos"

(a) um viajante chega numa cidade com uma mala na mão;

(b) dirige-se a um parque;

(c) senta-se no banco e adormece;

(d) aparece um bando de macacos que abre a mala;

(e) o viajante é um vendedor de chapéus, e todos os macacos saem brincando;
(f) o viajante acorda e, desesperado, se dirige aos macacos, esbravejando e gesticulando;
(g) todos os gestos são imitados pelos macacos (choram, sapateiam, batem palmas etc.);
(h) o viajante, percebendo isso, começa a tirar o paletó, a gravata, o chapéu e finge adormecer;
(i) quando os macacos fecham os olhos, o viajante recolhe rapidamente os chapéus e vai embora ou...
(j) diverte-se com os macacos que procuram os chapéus.

Estimular as crianças a sugerirem variações do jogo é enriquecedor. Pode-se pensar, por exemplo, em outro objeto, que não os chapéus... Observe-se que o jogo aqui lança mão da mímica, tipo de brincadeira que as crianças costumam fazer. Possíveis variações, portanto, podem lançar mão de mímica.

Feito esse trabalho de estímulo à imaginação, pode-se seguir para jogos dramáticos com poemas (não estamos colocando as coisas em regime de dependência, apenas sugerindo um percurso). Cada turma tem um ritmo, e o professor, que a conhece bem, sabe como proceder.

Poesia e jogo dramático

A poesia já foi conceituada como jogo da linguagem. Como um modo especial de linguagem, a poesia, através do jogo sonoro (aliterações, assonâncias, rimas etc.) e semântico, desloca sentidos, cria outros, revitaliza palavras através de associações inusitadas, joga com a tensão entre *som* e *sentido*.

Lembra-nos Huizinga (1980: 143) que "toda poesia tem origem no jogo: o jogo sagrado do culto, o jogo festivo da corte amorosa, o jogo marcial da competição, o jogo combativo da emulação da troca e da invectiva, o jogo ligeiro do humor e da prontidão".

Notadamente, a poesia destinada ao público infantil tem usado (e às vezes, abusado) da dimensão lúdica. E o resultado, na obra de muitos poetas, traz ganhos evidentes. Basta ler os poemas infantis de Cecilia Meireles (*Ou isto ou aquilo*), de José Paulo Paes (*Olha o bicho, Poemas para crianças*), de Sidónio Muralha (*A dança dos pica-paus e A televisão da bicharada*), de Sérgio Caparelli (*111 poemas para crianças*), para ficar entre os que já podem ser considerados clássicos no gênero.

Algumas vezes, a poesia assume o caráter fantasioso, mimetizando a experiência de jogo vivenciada pela criança. Um dos melhores exemplos é "O mundo do menino impossível", de Jorge de Lima. Outras vezes, retoma jogos infantis ou o ritmo das parlendas, como em "Brincando de não me olhe", de Elias José.

Embora o jogo dramático seja uma atividade em que cada realização é única e pode, inclusive, ser alterada através de repetições, diferentemente da poesia, que mantém uma forma definida, é necessário observar que a apreensão do poema se faz sempre de forma inovadora. Nesse ponto, poesia e jogo dramático também se aproximam. Tanto uma quanto o outro têm suas raízes no jogo, num fazer e refazer significativo da linguagem. O jogo dramático é visto como uma atitude natural da criança, um modo de ela descobrir o mundo e de se descobrir, experimentar, magicamente, situações que no cotidiano são difíceis de serem enfrentadas. Nesse sentido, o jogo dramático é um ensaio, uma preparação lúdica para a vivência do real. A poesia, por sua vez, possibilita o prolongamento da capacidade de jogar, de inventar, de recriar a linguagem, de não cimentar a sensibilidade.

A realização do jogo dramático possibilita um relacionamento com o mundo concreto e com o mundo interior. Aqui, o fluxo da linguagem criativa não se prende a barreiras racionais; antes, entrega-se a um processo de experimentação, de criação constante e coletiva. A poesia opera na linguagem um deslocamento que se dá de diversas formas. Ela está sempre nos dando uma "cambalhota", como nos adverte Drummond. Os jogos sonoros, a adjetivação, a acoplagem de vocábulos distantes que entram em atrito e refratam luz nova, a novidade das imagens, tudo isso confere à poesia um sabor de novidade. Ou, nas palavras de Mario Quintana, "um gosto de nunca e de sempre."

Jogo dramático a partir de poemas

Nem todo poema pode servir de ponto de partida para um jogo dramático, assim como nem todo poema pode ser adequado a um jogral, uma ilustração. É na narrativa que encontramos mais situações que servem como material rico de possibilidades para a realização do jogo dramático. Além disso, é preciso considerar outro aspecto: se temos inúmeras situações que envolvem apenas dois, três ou quatro alunos, quando temos que envolver a sala inteira, fica mais difícil. Embora seja aconselhável envolver toda a turma, há ocasiões em que pequenos jogos com dois ou três alunos não comprometem o valor educativo da atividade. Certa vez, ao lermos com uma turma de 5º ano uma cena do livro *Angélica*, de Lygia Bojunga Nunes (2005), em que a personagem Angélica leva um presente a Porto e este lhe retribui, propusemos a improvisação da cena com o mesmo conteúdo e/ou com conteúdos e personagens diferentes. Por exemplo, mudando o presente que Angélica dá a Porto e outras possibilidades que os próprios alunos sugeriram.

Daremos algumas sugestões para a realização de jogos dramáticos a partir de poemas. Algumas já foram testadas, outras ainda não. Vale alertar que devemos, antes de realizar o jogo dramático, imaginar possibilidades de desenvolvimento da proposta. Isto é, devemos realizá-la mentalmente de diversos modos. Esse procedimento nos dá mais segurança no encaminhamento das atividades, facilitando os "toques" nos momentos de impasse e, sobretudo, nos possibilitando um treino imaginário indispensável.

Vamos à primeira sugestão:

1. Poema escolhido: "A arca de Noé", de Vinicius de Moraes;
2. Distribuição e leitura do poema e, dependendo do nível de leitura dos alunos, leitura silenciosa. Depois, leitura oral expressiva pelo professor;
3. Se conhecer a música, cantá-la com os alunos;
4. Conversa sobre o poema: do que mais gostou? Que partes são mais engraçadas? Repetição de versos ou estrofes que tenha achado mais bonitos... comentários livres sobre o assunto e a situação poetizada.
5. Enumerar, com os alunos, de maneira informal, as personagens; a seguir, lembrar outras que poderiam estar na Arca...
6. Propor a "encenação" (primeira hipótese) da convivência das personagens antes de saírem da arca: o que veem? O que sentem? O que dizem? Como se movimentam? Organizar as ideias surgidas como respostas a essas perguntas. Distribuir quem faz o quê, convencionar os espaços: há janelas? Há poleiros? Há porão? Há lugares privilegiados?
7. Depois de convencionar quem faz o quê e os espaços a serem ocupados, iniciar o jogo dramático. Quem inicia? Quem vem a seguir? Falam todos ao mesmo tempo? Nalguns momentos uns falam e outros fazem mímica?

8. Se as primeiras tentativas ficarem muito misturadas, parar, discutir com os alunos o que se deve fazer para melhorar... Recomeçar quantas vezes forem necessárias.
9. Fazer com que não haja privilégios e estrelismos. Todos são jogadores indispensáveis.

Foi com "Leilão de jardim", de Cecilia Meireles, que iniciamos nossa experiência de jogo dramático a partir de poemas. Trabalhamos com esse poema em turmas de 2ª, 3ª e 4ª séries do ensino fundamental. Não descreveremos os resultados, apenas o roteiro seguido, aprimorado a cada nova experiência.

Passos a serem seguidos:

1. Afastar as carteiras, deixar bastante espaço no centro da sala;
2. Alunos e professores sentam-se no chão, formando, se possível, um círculo;
3. Entregar uma cópia do poema a cada aluno;
4. Leitura silenciosa por todos, seguida de uma leitura oral expressiva pelo professor;
5. Iniciar um diálogo sobre o poema: gostou? Do que mais gostou? O que achou diferente? O que achou engraçado? etc.;
6. Conversar um pouco sobre *leilão:* o que é? Já presenciou um? De quê? Como? Onde? Deixar que os que conhecem expliquem aos demais (inclusive, se quiserem, encenando);
7. Conversar sobre *o jardim*: o que é? Se gostam, se têm, se sabem cuidar de um jardim; fazer um levantamento dos animais/bichos e objetos presentes no jardim leiloado;
8. Sugerir que os alunos indiquem outros animais, objetos e plantas que poderiam ser encontrados em um jardim. Neste momento, o professor vai anotando no quadro as sugestões que surgirem;

9. Propor um jogo dramático tendo como cenário o jardim e como participantes as personagens enumeradas pelos alunos. Não deixar nenhum aluno fora do jogo;
10. Organizar o jogo: quem é o quê? Onde fica? Dar uma ordenação mínima às ações (sequência possível; primeiro diálogo entre rosas, depois uma discussão com as formigas etc.);
11. Iniciar o jogo: incentivar ao máximo a improvisação, base do jogo dramático (falas, gestos, movimentos etc.);
12. Depois de iniciado, o jogo pode ser interrompido rapidamente quando houver algum impasse. Evitar parar muitas vezes. Não importa muito aqui a qualidade teatral das cenas, antes, o jogo criativo, o envolvimento alegre e espontâneo de todos;
13. Encenado o jogo, discuti-lo com os alunos: deixá-los comentar livremente;
14. Conclusão: com todos sentados em círculo, o professor relê o poema que motivou a atividade;
15. Outra hipótese: improvisar um leilão acrescentando as personagens que os alunos indicaram (item 8). Escolher o(s) leiloeiro(s), os objetos/personagens a serem leiloados e os compradores. Incentivar para que as personagens que estão sendo leiloadas participem do evento. Elas podem protestar diante do valor que lhes está sendo atribuído, inquirir seus compradores sobre o lugar para onde serão levadas, enfim, revelar seus desejos, suas vontades. Esses tópicos rapidamente levantados podem e devem ser enriquecidos na conversa com a própria turma com que se vai trabalhar. Como se vê, o jogo dramático é uma verdadeira festa da fantasia, da imaginação criadora.

Outros poemas que podem ser motivadores de jogos dramáticos: "Natal", de Vinicius de Moraes; "A jiboia Gabriela", de Sérgio Caparelli; "A dança dos pica-paus", de Sidónio Muralha, e muitos outros que o professor vai descobrindo ao longo de sua experiência. Nossa poesia infantil oferece inúmeras possibilidades de jogo em sala de aula. Para uma visão dessa produção, vejam-se duas antologias recentes organizadas por Calcanhoto (2014) e Rocha (2013).

OUTRAS SUGESTÕES

Desde o nosso ingresso na universidade, em 1992, vimos ministrando a disciplina "Literatura infantil e juvenil" no curso de Letras da UFCG-Campina Grande. A cada novo semestre, vamos sugerindo atividades com poemas, recolhendo experiências realizadas por professores da rede municipal de diferentes municípios da região e, portanto, acumulando sugestões, muitas testadas, outras esperando alguém que arrisque experimentá-las.

As sugestões abaixo se referem exclusivamente a poemas de Cecilia Meireles, cuja poesia nos parece uma das mais ricas de possibilidades para a realização de jogos dramáticos.

Do diálogo entre as artes

O diálogo entre as artes ou, mais especificamente, entre a literatura e outras artes é antigo e se efetua de diferentes modos. Cinema e literatura são artes que privilegiam muito esse diálogo. São inúmeros os filmes que nasceram de adaptações de obras literárias ou de sugestões de determinadas obras. A via contrária também é hoje bastante experimentada[2]. Poemas, contos e até romances retomam obras cinematográficas.

---

2 O escritor e crítico de cinema paraibano João Batista de Brito escreveu um livro de contos inspirados em cenas e situações de filmes. Trata-se do livro *Um beijo é só um beijo*, publicado pela editora Manufatura, João Pessoa, 2001.

Vários são os diálogos entre poesia e artes plásticas. Um exemplo é a série de poemas de Carlos Drummond de Andrade (1996), denominada *Arte em exposição*, em que cada poema retoma um quadro de importantes pintores, como Velásquez, Ticiano, Portinari e muitos outros. Já as aproximações entre música e poesia são abordadas tanto no âmbito da teoria literária quanto da crítica. Dufrenne (1969: 67) afirma: "Se a música se interessa pela poesia, mesmo que seja para exercer seu imperialismo, é porque a poesia já encerra, mais que uma promessa de música, uma música espontânea. A palavra poética canta[3]. Na literatura brasileira, um diálogo curioso bastante produtivo é o da literatura popular com a dita literatura erudita. Veja-se o caso de Guimarães Rosa, possivelmente o mais rico e significativo de nossa literatura. Ou, no Nordeste, a aproximação de obras teatrais de Ariano Suassuna com a literatura de cordel e outras manifestações da cultura popular. Outras possibilidades ainda poderiam ser levantadas: por exemplo, literatura e teatro. Aqui também a via é de mão dupla. Cada um desses diálogos é matéria de inúmeros estudos acadêmicos. No entanto, pouco dessa reflexão tem chegado à escola de um modo estimulante para a leitura literária.

Todo esse preâmbulo é para chegarmos ao nosso objetivo: propor um diálogo, com fins pedagógicos, entre poesia e jogo dramático. Mais especificamente, partir de poemas para crianças para propor jogos dramáticos. Nossa abordagem tem duas grandes fontes: a experiência com poemas em sala de aula, inclusive a criação de jogos dramáticos a partir de poemas, e a reflexão sobre a poesia infantil de Cecilia Meireles voltada para crianças[4] — de todas as idades, diga-se.

---

[3] Veja-se o importante livro em que Hilton Carlos de Araújo (1976) relata experiências de adaptação de episódios de obras de Guimarães Rosa, de literatura de cordel e outras experiências.

[4] Muitos estudos já foram realizados destacando a importância e o pioneirismo da poesia de Cecilia Meireles para crianças. Chamo a atenção para os seguintes trabalhos: Tito (2000) e Magalhães (1984).

Em *Ou isto ou aquilo*, entre tantos outros procedimentos, a poetisa lança mão da brincadeira infantil como matéria de sua poesia. Poemas como "Jogo de bola", "A bailarina", "O colar de Carolina", "A chácara do Chico Bolacha", "O menino Azul", "Leilão de Jardim", "Ou isto ou aquilo" e tantos outros, embora nem sempre tragam diálogo explícito, nos apresentam crianças em ação — vendo, ouvindo, realizando uma atividade lúdica (correndo, dançando, jogando bola etc.) Esses poemas devem ter nascido da observação do brincar infantil, do modo como as ações infantis se transformam em personagens, como atuam concreta ou imaginariamente sobre a realidade.

Na poesia brasileira, um dos primeiros poemas que retomam esse devaneio infantil é "O mundo do menino impossível", de Jorge de Lima (1997). Ainda em 1925, Jorge de Lima cria um poema em que, a certa altura, o menino abandona todos os brinquedos caros, importados e passa a transfigurar a realidade: "E os sabugos de milho/mugem como bois de verdade.../ E os tacos que deveriam ser/soldadinhos de chumbo são/cangaceiros de chapéu de couro". Essa atitude do menino de recriar o mundo é que vimos chamando de jogo dramático.

Outro poema que sempre encanta as crianças é "A bailarina", de Cecilia Meireles. Após a leitura e releitura do poema, seria interessante conversar com elas sobre os tipos de dança que conhecem — frevo, forró, dança do boi, xaxado, fandango, vaneirão etc. Nesse caso, poderíamos sugerir várias crianças brincando de dançar e imaginando diferentes personagens para sua dança. Aqui, por exemplo, poder-se-iam trazer para sala de aula diferentes ritmos para brincar de dançar. Não só as meninas. Os meninos também gostam de dançar. Inúmeros outros poemas retomam o motivo da dança. Nem todos têm o mesmo nível estético do de Cecilia. No entanto, poderia o professor trazer para leitura alguns desses poemas que, por sua vez, sugeririam novas formas de jogo dramático[5].

Ainda no âmbito da brincadeira, "O colar de Carolina" também pode despertar alguns jogos dramáticos articulados com atividades de confecção de material para a brincadeira. Por exemplo, como seria esse colar de Carolina? Que outros colares poderiam ser confeccionados? De que material? Que falas poderiam ser atribuídas ao Sol, que, no poema, parece encantado com a cor do colar? Ele não poderia estar também encantado com a menina em si, que brinca solitária e livremente? E as colunas da colina, que no poema servem de cenário, poderiam também ter sua fala, expressar seu encantamento ou desencanto com a menina que brinca?

"O menino azul" é um poema que também pode oferecer elementos para criar jogo dramático. Após a leitura, releitura e discussão do poema, poder-se-iam imaginar diálogos entre outros burrinhos que levam crianças para diferentes lugares. O que eles falam dessas crianças? Há crianças malvadas, há crianças atenciosas? Qual a idade desses burrinhos? Como está a situação alimentar deles, sobretudo dos que vivem na cidade? Eles podem sair livres para pastar? Outros burrinhos poderiam entrar na roda: por exemplo, os burrinhos que carregam carroça, os burrinhos que carregam água, que puxam arado. A criança se colocar no lugar desses animais e inventar e reinventar determinados diálogos, além do caráter lúdico da invenção, pode despertar para a situação do outro — gente, bicho, pássaro etc. Que tal se chegasse à conversa o cavalo do poema "O cavalinho branco"? Que poderiam conversar? O que os diferencia?

---

5 Para um estudo do motivo da dança em diferentes poemas, veja o ensaio de Maria Rejane Araújo Tito (2000), "As várias danças da menina bailarina".

É preciso lembrar que muitas obras literárias têm animais e objetos como personagens. Por exemplo, os diálogos entre os animais em *Os Saltimbancos*, de Chico Buarque (2017), os diálogos entre a bicharada de *Os colegas*, de Lygia Bojunga (2012) e tantas outras obras. Ou seja, o que estamos propondo é uma reinvenção do poema, para mostrar que a poesia está em nós, embora a sua expressão escrita seja muito mais complexa. Mas todos podem ter e devem estimular a experiência estética de invenção, de devaneio poético.

Partir do poema e criar situações novas imaginariamente e, a seguir, dar uma ordem a essas invenções/descobertas e representá-las constitui uma experiência que pode favorecer a formação de leitores. À medida que for improvisando, retomar uma fala, um gesto, uma ideia e ampliá-la, articulá-la com outra. Mas não esquecer que se trata de uma brincadeira. O ir e vir, o repetir, o recriar e recriar-se devem se dar de modo alegre, sem cobranças exaustivas, sem exigências de perfeição, sem a necessidade de público, como se fora teatro.

Embora alguns jogos possam se transformar em pequenas encenações a serem apresentadas na escola, esse não é o objetivo do jogo dramático, pelo menos como o entendemos. Mesmo que, depois de criarem falas, de imaginarem novos cenários, novas situações, as crianças não cheguem necessariamente a uma encenação, o jogo com a linguagem, a capacidade de inventar já terão se dado.

Uma outra questão: é sempre bom conversar sobre o poema em si antes de iniciar o processo de "reinvenção" de suas imagens. Por exemplo, com um poema como "A chácara do Chico Bolacha", muitas professoras conversam com os alunos sobre as condições sociais da "personagem" — sua condição de trabalhador rural muito pobre, o lugar em que mora (que alaga quando chove), a saúde etc. Também se pode brincar, na leitura oral, com a sonoridade do poema: a constante repetição do fonema /x/ pode sugerir a chuva ou a cheia ou mesmo o barulho da enxada capinando a terra. Como se observa, a porta de entrada para conviver com poemas devem ser os recursos expressivos que eles apresentam.

Um jogo dramático possível de ser trabalhado a partir desse poema seriam as crianças trabalhando a terra — sentindo o suor escorrer do rosto ou tentando se livrar de uma enchente. O que conversariam duas crianças capinando ao sol quente? Ou tentando salvar as poucas coisas de uma casa pobre? O Chico vive só? Tem filhos, esposa? Se tem, envolvê-los todos no jogo dramático.

Uma pombinha no livro didático

Depois de ver o poema que segue abaixo, tristemente assassinado num livro didático, fiquei imaginando um modo que me parecesse mais sensível de abordá-lo. Vamos fazer um exercício de fantasia e pensar como poderíamos ler esse poema de Cecilia Meireles com crianças — na escola, em casa, numa creche, em qualquer lugar. Passemos à leitura oral:

A pombinha da mata

Três meninos na mata ouviram
Uma pombinha gemer.

"Eu acho que ela está com fome",
disse o primeiro,
"e não tem nada para comer".

Três meninos na mata ouviram
Uma pombinha carpir.

"Eu acho que ela ficou presa",
disse o segundo,
"e não sabe como fugir".

Três meninos na mata ouviram
Uma pombinha gemer.

"Eu acho que ela está com saudade",
disse o terceiro,
"e com certeza vai morrer".

Este poema de Cecilia Meireles sempre me encantou. Talvez pelas hipóteses levantadas pelas crianças (ela está com fome? Ela está presa? Ela está com saudade?), talvez pela minha experiência de criança que viveu na roça até os 13 anos. Neste poema, como em "As meninas", há um menino que se destaca quando afirma: "Eu acho que ela está com saudade (...)/ e com certeza vai morrer". A saudade é o que vai matar a pombinha. Não será a fome, não será a prisão. Eu não entendia muito bem esta hipótese quando li o poema pela primeira vez, mas gostava. E continuo gostando.

Agora imagino uma sala de aula... O que poderíamos fazer com meninos e meninas lendo este poema? O poema convida à leitura dialogada. Um leitor-narrador e mais os três meninos. Realizar a primeira leitura, a segunda, a terceira, repetindo sempre um verso, uma palavra, procurando a emoção adequada. Variar ao máximo os leitores, isto é, mais de um grupo deverá realizar a leitura e procurar dizê-la a seu modo.

Depois de repetidas leituras, é hora de brincar um pouco, inspirados no poema. O cenário que nos é sugerido é uma mata. O que temos numa mata? Essa é uma boa pergunta para iniciar uma conversa. Anotar no quadro as observações dos alunos. Estimulá-los a indicarem outros pássaros, animais, tipos de plantas etc.

Feito esse levantamento, é hora de partir para o jogo dramático, isto é, partir para a improvisação. Por exemplo, imitarmos os diferentes cantos de pássaros presentes em nossas matas. Depois, criar uma espécie de alvorada: todos os pássaros cantando ao mesmo tempo. Uns, mais alto, outros, mais baixo. Se ficarmos por aqui, teremos já feito um bom trabalho. Não precisamos dizer aos alunos, mas certamente, a partir do poema, estaremos estimulando a imaginação, a observação, a percepção mais sensível do mundo.

Mas podemos continuar, ainda, a partir do que o poema nos oferece. Por exemplo: imaginar o canto da pombinha. Como seria um canto de quem está presa, chorando, com saudade? O que causou a dor da pombinha? O que os meninos que estão na mata poderão fazer pela pombinha? Onde, mais especificamente, ela está? Num galho? No chão? Outros pássaros perceberam a situação da pombinha? Mais uma vez, anotar as hipóteses que a turma levantar. A partir das hipóteses, novamente realizar um jogo dramático, isto é, dramatizar a situação de modo livre, improvisado, repetindo sempre que for necessário.

LITERATURA DE CORDEL

Foi através da literatura oral, no meio popular, que tive meu primeiro contato com a poesia, com violeiros, emboladores e, sobretudo, com familiares que recitavam poemas ou pequenas quadras. Meu avô fazia "repente" com o nome de desconhecidos que por lá passavam. E o velho era analfabeto. Meu pai recitava trechos de pelejas ouvidos em cantorias e sabia de cor dezenas de versos. O nome literatura de cordel não aparecia. Falava-se, sobretudo, em versos, romances, repentes.

Quantas vezes ouvi *A batalha de Oliveira e Ferrabrás, Os doze pares da França*, de Leandro Gomes de Barros, *A chegada de Lampião no inferno*, de José Pacheco, na voz rouca do velho Mundô Vidal. Enquanto descansava do cabo da enxada, ia recitando, com emoção, aquela infinidade de versos.

Quando chegou o primeiro rádio em minha casa, comprado por um irmão mais velho, ouvíamos toda quinta-feira o programa dos emboladores Cachimbinho e Chico Sena, pela rádio Tabajara, de João Pessoa.

Foi nesse contexto que nasceu minha paixão pela poesia. Uma paixão que foi ficando cada vez mais forte e densa. Mesmo depois de iniciado na poesia dita culta, não pude abandonar o cordel. Até hoje, quando vou passando por uma praça e ouço uma viola ou o batido do pandeiro de um embolador, não resisto, assisto com um remoto e enorme prazer.

Distante do Ceará, morando em Uberaba, ainda estudante de Letras, resolvi levar a poesia de cordel para a sala de aula. Encontro um fragmento de *As proezas de João Grilo*, de João Ferreira de Lima e João Martins de Athayde, e levo para uma turma de 8º ano. Estava apreensivo, não imaginava a reação dos alunos.

Entreguei o texto e solicitei que lessem. Em meio à leitura individual, alguns não resistiram e soltaram o riso. A sala foi sendo contaminada. Fiz uma leitura tentando reproduzir o ritmo dos poetas populares. Mas, para a minha surpresa, os alunos queriam cantar. Lembrei-me de algumas melodias conhecidas e ali mesmo, com a ajuda dos alunos, fomos cantando. No recreio, o assunto se espalhou e tive que mandar tirar cópias do texto para as outras turmas. Dias depois, quando chegava à escola, fui chamado por um grupo de 4 ou 5 alunos. Uma aluna trazia um violão. Sentamos num canto da quadra e eles cantaram, de cor, com acompanhamento, o fragmento levado à sala de aula.

Outros textos foram trabalhados com outras turmas. Por exemplo, "Nordeste independente", de Ivanildo Vilanova e Bráulio Tavares, interpretado por Elba Ramalho; "A triste partida", de Patativa do Assaré, numa interpretação do Gonzagão e Gonzaguinha; "Vaca Estrela e Boi Fubá", de Patativa do Assaré, cantado por Raimundo Fagner. Lembremos ainda o "Romance do Pavão Misterioso", de João Melchíades da Silva e "Pavão misterioso", do cantor e compositor cearense Ednardo, música que ficou famosa por ter sido tema de *Saramandaia*, novela de Dias Gomes exibida originalmente em 1976.

Muitas vezes, quando líamos e cantávamos esses poemas, éramos surpreendidos por alunos que sabiam de cor outros poemas e, às vezes, chegavam a recitá-los para os colegas. A escola precisa, com regularidade, levar esses textos para a sala de aula. A cultura popular tem vitalidade e riqueza de experiências. Privar os alunos de seu conhecimento é empobrecê-los cada vez mais.

Uma boa possibilidade de trabalhar alguns cordéis em sala de aula é programar leituras dramáticas e encenações. A leitura dramática seria a dialogada, em que dois ou mais personagens proferem discursos como no teatro. Como são inúmeros os cordéis em que temos mais de uma personagem, na sala de aula, poderemos treinar a leitura oral através da repetição de determinados fragmentos da narrativa. As pelejas são bastante viáveis para esse tipo de atividade. Por exemplo, vejamos algumas estrofes de *A peleja de Manoel Riachão com o Diabo*, de Leandro Gomes de Barros[1]. Já no início o narrador nos situa:

Riachão tava cantando
Na cidade do Açu
Quando apareceu um nego
Da espécie de urubu
Tendo a camisa de sola
E as calças de couro cru.

Beiços grossos e virados
Como a sola de um chinelo

[1] A peleja é um dos gêneros mais cultivados na hoje chamada literatura de cordel. Segundo Lúcio e Pinheiro (2012: 26), "as pelejas podem basear-se em desafios reais ou imaginários e geralmente são escritas em versos de sete sílabas. Quando escrita, a descrição da luta é antecedida por uma pequena introdução em que são apresentados os cantadores, o lugar da disputa, o público e os antecedentes, como se pode observar na *Peleja de cego Aderaldo com Zé Pretinho do Tucum*, de Firmino Teixeira do Amaral".

Um olho muito encarnado
O outro muito amarelo
Ele chamou Riachão
Para cantar um martelo.

Riachão vai se negar a cantar com um desconhecido, mas a resposta já é parte da contenda. Noutras palavras, mesmo negando-se a cantar, já está duelando. Senão vejamos:

Riachão disse: eu não canto
Com cantor desconhecido
Pode ser algum escravo
E anda por aqui fugido
Isso é dar cauda a nambi
E entrada a negro enxerido.

Ao que o desafiante emenda, depois de acusado de escravo fugido:

Seja livre ou seja escravo
Eu quero cantar martelo,
Afine a sua viola
Vamos cantar um duelo
Só com a minha presença
O senhor está amarelo.

A peleja prossegue em suas 70 estrofes, que podem ser selecionadas, tendo em vista o interesse da turma e os objetivos do professor. Outros cordéis, além das pelejas, podem ser lidos dramaticamente ou encenados. Por exemplo: *A onça e o bode*, de José Costa Leite; *O bonitão*, de Maria Godlive; *A chegada de Lampião no inferno*, de José Pacheco, e tantos outros que circulam em folhetos e antologias.

Deixamos aqui indicadas três antologias de poemas de cordel: *Cante lá que eu canto cá*, de Patativa do Assaré (1978). Chamo a atenção para a força social dessa poesia. Entre tantos poemas, destacamos "A morte de Naná", que narra de forma dramática a morte de uma criança na seca de 1932, no Ceará. Telurismo, combatividade, humanismo são algumas das muitas marcas desse poeta popular. A antologia *Literatura popular em versos*, selecionada por Manuel Cavalcante Proença, é das melhores no tocante à seleção do material e comentários. Por fim, temos *Autores de cordel – Literatura comentada*, obra organizada por Marlyse Meyer. Essa seleta oferece material adequado à sala de aula.

Muitas obras têm surgido neste início de século. Uma tendência forte destes nossos tempos é a adaptação para folhetos de obras literárias consideradas eruditas. Trata-se de um procedimento bem antigo (João Martins de Athayde, por exemplo, adaptou *Romeu e Julieta* no início do século XX) que retorna com ênfase na contemporaneidade. Seguem alguns exemplos a que tivemos acesso:

1. *Os três mosqueteiros*, por Klévisson Viana (2011);
2. *O alienista*, por Rouxinol de Rinaré (2010);
3. *O tronco do ipê*, por Arievaldo Viana (2012);
4. *As aventuras de Robinson Crusoé em cordel*, por Moreira de Acopiara;
5. *Grabriela em cordel,* Manoel D'Almeida Filho;
6. *As três verdades de Deus*, contos de Tolstói, adaptados por Janduhi Dantas.

Um trabalho hercúleo no âmbito das versões para cordéis é o de Stélio Torquato (2017), que adaptou dezenas de clássicos de várias literaturas: *As viagens de Gulliver, A revolução dos bichos, O asno de ouro, O morro dos ventos uivantes, O vermelho e o negro, Sonho de uma noite verão*, dentre inúmeros outros.

Destacamos o trabalho de alguns poetas como Manuel Monteiro, que, entre outras temáticas, dedicou-se à adaptação de vários contos de fadas para os versos do cordel, como *Chapeuzinho Vermelho, O Gato de Botas, A Gata Borralheira, A dança das doze princesas*, entre outros[2]. No âmbito do cordel voltado para crianças, uma antologia organizada por Pinheiro (2004), *Pássaros e bichos na voz de poetas populares*, traz dezenas de sextilhas em que os poetas populares apresentam quase sempre uma visão lúdica diante da bicharada. As sextilhas podem dialogar com a poesia infantil, que também lança mão desse viés temático. Como no trabalho com a poesia em geral, a perspectiva é a da aproximação dos animais sem preocupação pedagogizante.

Inúmeros outros poetas e poetisas vêm produzindo folhetos voltados para a realidade social, histórias fantasiosas, gracejos, retratos de personagens históricos, religiosos, narrativas de animais, dentre muitos outros. Nalguns casos, tende-se a cair no pedagogismo, uma vez que eles acabam transformando em verso conteúdos escolares.

Dentre as publicações voltadas para sala de aula, destacam-se:

1. ***Feira de versos - poesia de cordel,*** por Cláudio Henrique Andrade e Nilson J. da Silva (2004). A antologia traz poemas de João Melquíades, Leandro Gomes de Barros e Patativa do Assaré.

---

[2] Os folhetos podem ser encontrados na Cordelaria Poeta Manoel Monteiro, Rua Vigário Virgínio, 52 Santo Antônio CEP 58103-340 - Campina Grande, PB.

2. ***Amor, história e luta***, por Márcia Abreu (2005). Os poetas contemplados são Firmino Teixeira do Amaral, João Melquíades, Delarme Monteiro, João Martins de Athayde e Manuel Camilo.
3. ***Antologia do cordel brasileiro***, por Marco Haurélio (2012), que traz tanto poetas clássicos, como Leandro Gomes de Barros, José Pacheco, entre outros, quanto autores contemporâneos, como Arievaldo Viana, Klévisson Viana e o próprio organizador.
4. ***Cordel***, uma coleção da Editora Hedra, coordenada por Joseph M. Luyten. Já foram publicados mais de vinte exemplares, com autores como Patativa do Assaré, Zé Vicente, J. Borges (poeta e xilogravurista), F. das Chagas Batista (pioneiro, contemporâneo de Leandro Gomes de Barros), João Martins de Athayde, poetas contemporâneos, como Rouxinol de Rinaré e inúmeros outros. Cada antologia é precedida de uma "Introdução", em que um pesquisador apresenta o poeta e sua obra.

No âmbito das propostas de atividade do cordel na escola, nossa perspectiva é a de que ele deve ser estudado como literatura e, muitas vezes, em diálogo com os diferentes gêneros literários. Lúcio e Pinheiro (2012) sugerem algumas práticas que podem orientar atividades com o folheto numa perspectiva mais dinâmica e cultural. Vejamos algumas dessas sugestões.

Dependendo do lugar, das condições locais, algumas atividades envolvendo toda a escola podem ser realizadas. Se o acesso a folhetos for fácil (alguma feira local, casa do poeta, pedidos a alguns divulgadores...), uma boa ideia é a realização de uma feira de literatura de cordel numa tarde, numa manhã, durante um dia; ser, por exemplo, uma atividade específica, mas também figurar dentro de uma semana cultural, artística etc. Ela pode compreender diferentes atividades, como as que elencamos a seguir:

(a) folheteiros vendendo seus folhetos;

(b) emboladores e violeiros cantando, fazendo desafios, improvisando. É bom que o trabalho desses artistas seja devidamente pago!

(c) exposição de xilogravuras e de folhetos antigos e/ou novos;

(d) murais com reportagens sobre cordelistas e literatura de cordel em geral;

(e) palestras e oficinas de criação de poemas de cordel, realizadas por poetas locais;

(f) encenações de histórias de cordel adaptadas para o teatro ou de peças inspiradas em folhetos;

(g) apresentação de músicas populares influenciadas pela literatura de cordel ou de cordéis musicados por artistas da MPB ou pelos próprios alunos. Lembrar que o uso do pandeiro é fundamental, sobretudo nas músicas influenciadas por emboladas;

(h) sessões de cinema com filmes inspirados em folhetos ou que, de algum modo, toquem na questão da literatura de cordel (Lúcio e Pinheiro 2012: 132-133).

Várias pesquisas voltadas para o ensino da literatura de cordel vêm sendo realizadas no POSLE - Metrado em Letras da UFCG. Os trabalhos resultam quase sempre de experimentos realizados no espaço escolar com folhetos de diferentes épocas e autores.

Em artigo publicado no livro *Leitura de literatura na escola* (Dalvi, Rezende e Jover-Faleiros, 2013), indicamos algumas sugestões metodológicas de abordagem comparativa entre folhetos, poemas, textos dramatúrgicos e narrativas. Os blocos sugeridos são os seguintes:

1. ***Viagem ao céu***, por Leandro Gomes de Barros; ***Viagem a São Saruê***, por Manuel Camilo; **"Vou-me embora pra Pasárgada"**, por Manuel Bandeira;

2. ***As proezas de João Grilo***, por João Martins de Athayde e João Ferreira de Lima; ***O dinheiro*** e ***O cavalo que defecava dinheiro***, por Leandro Gomes de Barros; ***O auto da Compadecida***, por Ariano Suassuna;
3. ***O romance do Pavão Misterioso***, por José Camelo de Melo Resende; ***A botija***, por Clotilde Tavares;
4. ***A arca de Noé***, por Antônio Francisco; ***A arca de Noé***, por Vinícius de Moraes e o relato bíblico sobre a Arca de Noé.
5. ***A seca no Ceará***, por Leandro Gomes de Barros; ***O retirante***, por João Martins de Athayde; "A morte de Naná", por Patativa de Assaré; ***Vidas secas***, por Graciliano Ramos; ***O quinze***, por Rachel de Queirós; ***Morte e vida severina***, por João Cabral de Melo Neto.

São indicações a serem trabalhadas no espaço escolar de modos diversos. Em qualquer das opções, a leitura oral dos folhetos é imprescindível. A leitura de obras mais longas pode ser iniciada no espaço escolar e concluída em casa ou na biblioteca. Também se pode lançar mão de vídeos e filmes para dinamizar o trabalho comparativo.

Imprescindível para realizar qualquer trabalho com literatura de folhetos, como de qualquer literatura, é o conhecimento de um acervo mínimo. Contemporaneamente, muitos folhetos estão sendo vendidos em formato de livro. No entanto, o modelo tradicional (uma folha A4 dividida em quatro partes) favorece um preço bem mais acessível aos leitores.

POESIA PARA JOVENS LEITORES

Neste capítulo, trazemos algumas reflexões e sugestões sobre a abordagem do poema junto a leitores jovens, sobretudo no âmbito da sala de aula. Chamamos a atenção para o risco que corremos de trabalhar com obras que não apresentem qualidade estética, que não garantam uma formação sensível ao jovem leitor. O caminho que nos parece mais promissor, embora mais difícil, devido à pouca prática de leitura de poemas entre professores, é o da busca, na obra de nossos grandes poetas, de poemas que respondam ao horizonte de expectativa do leitor jovem.

As sugestões de poemas e de procedimentos que fazemos dão continuidade a um trabalho que vimos empreendendo desde a década de 1990 num projeto de sensibilizar professores, pedagogos, estudantes de Letras para a importância do trabalho com o poema na sala de aula. Uma prática que poderíamos cultivar sempre mais é a da troca de experiências. Há experiências significativas sendo feitas e que passam despercebidas. Ouvi de uma professora da rede municipal de Campina Grande, que dispunha de pouco material, o seguinte depoimento: "Recorto poemas, contos, crônicas e outros textos literários de antigos livros didáticos, colo em cartolina ou outro papel mais duro e levo dezenas de textos para a sala de aula".

Dessa forma, ela propicia leitura diferenciada de gêneros e textos. É claro que isso não soluciona o problema da leitura literária, mas revela a atitude de uma professora comprometida, disposta a enfrentar as adversidades.

As sugestões e reflexões que seguem nasceram quase todas da experiência de leitura de poemas em sala de aula. Algumas ainda de quando trabalhávamos nos níveis fundamental e médio. Outras, de cursos de extensão e na disciplina "Teoria da literatura I", no curso de Letras da Universidade Federal de Campina Grande.

Como já afirmamos, a poesia, muitas vezes, nem sequer é trabalhada. Ana Maria Machado (2001: 149), em artigo sobre "O desafio dos jovens leitores", nos lembra:

> (...) criança aprende pelo exemplo. Se vê gente comendo de talheres, amarrando sapatos, vendo televisão, torcendo por um time, vai ter vontade de imitar. Se nunca vê ninguém à volta com livro na mão, nem vai desconfiar que isso possa ser coisa que se faça fora da escola.

Creio que ela tem razão, mas creio também que há bem mais para se pensar nessa questão. Se a criança e o jovem pouco veem seus professores, pais e amigos lendo, muito menos ainda lendo livros de poemas e se quase não ouvem alguém lendo poemas em voz alta — nem na escola, nem em casa, nem no teatro, como esperar que tenham um gosto minimamente desenvolvido por esse gênero?

Para enfrentar a realidade de ausência de poesia na escola com propostas efetivas, é preciso acreditar que a poesia é essencial à vida. Que o acesso a ela é um direito de toda criança e de todo jovem. Se a criança ou o jovem vão depois se tornarem leitores de poesia, não temos como afirmar, mas temos o dever de levá-los a terem contato com uma poesia em que estejam representados seus desejos, suas fantasias, suas dúvidas, seus medos, suas alegrias, toda a sua experiência de vida enfim. Mas também proporcionar-lhes leituras desafiadoras que possam questionar posições, preconceitos e colaborar para que se tornem leitores mais exigentes. Nem sempre é bom respeitar o gosto, uma vez que sabemos que o nosso gosto e o de nossos alunos estão impregnados das facilitações que a sociedade de consumo nos impinge a todo instante.

É preciso também estar atento ao modo como se dará o encontro do jovem leitor com o poema. O conhecimento das expectativas do leitor e de textos que estão em sintonia com essas expectativas não são suficientes. É indispensável pensar metodologias de abordagem tendo em vista cada sala, cada situação nova. Inúmeras vezes, encontramos alunos e alunas que resistem a poemas de Drummond, de Cecilia Meireles, de Manuel Bandeira. Nessas situações, alguns professores agem estranhamente chamando os alunos de burros, de insensíveis... não têm a velha paciência histórica, a consciência de que se o aluno tem dificuldade de gostar de algo é porque se trata de uma coisa a que poucas vezes teve acesso. E se o teve foi via livro didático, de um modo nem sempre adequado. É o professor que deverá ser o mediador dessa experiência com a poesia, e ele precisa estar convencido de que o acesso à poesia é um direito e, mais que isso, como afirma Quintana (2005), uma "emergência", porque:

> Quem faz um poema abre uma janela.
> Respira, tu que estás numa cela
> abafada,
> esse ar que entra por ela.

Por isso é que os poemas têm ritmo
- para que possas profundamente
respirar.
Quem faz um poema salva um afogado.

Poderíamos parafrasear o poeta, dizendo: "Quem lê um poema para seus alunos, para seu(s) filho(s), para seus amigo(s), abre muitas janelas". Às vezes, realmente, um poema pode salvar um afogado. Mas as experiências com o poema e com a leitura literária em geral nem sempre são mensuráveis; elas habitam um espaço difícil de medir. Não se trata de fazer nem teoricismo, tal como diferenciar linguagem literária da não literária, ou de reconhecer a função poética ou metalinguística da linguagem. Trata-se de possibilitar um encontro mais íntimo com a poesia. Vamos ler mais um poema, ainda de Mario Quintana (2005):

Bilhete
Se tu me amas, ama-me baixinho
Não o grites de cima dos telhados
Deixa em paz os passarinhos
Deixa em paz a mim!
Se me queres,
enfim,
tem de ser bem devagarinho, Amada,
que a vida é breve, e o amor mais breve ainda...

Há mais de trinta anos, venho lendo esse poema para adolescentes, professores do ensino fundamental e médio e estudantes de Letras. A sensação que tenho é a de que poucas pessoas ficam indiferentes a ele. Sua filiação ao topos do *carpe diem* se dá de modo peculiar: a perspectiva de um amor que recusa a estandardização — como não lembrar dos famosos carros de som com mensagens de amor, fogos, para que o bairro todo fique sabendo que um marido ou namorado "ama" determinada pessoa. Nada de pressa, nada de estandarte, diz o poema.

A leitura oral – e essa é uma questão metodológica fundamental – pode ajudar na aproximação do poema. Ele deve ser lido com suavidade, sem arroubos. Quem não desejaria ouvir isso sussurrado ao pé do ouvido? Textos assim tendem a calar fundo na alma dos leitores e, repito, de um modo pouco mensurável, a formar um gosto mais refinado e a levar o jovem a entender por que a poesia é essencial. E se quisermos mais, ele traz aquela resistência à ideologia, de que nos falam Alfredo Bosi (2000) e Adorno (2003), típica da poesia lírica.

Agora vamos ler outro poema de Quintana (2005):

Indivisíveis

O meu primeiro amor sentávamos numa pedra
Que havia num terreno baldio entre as nossas casas.
Falávamos de coisas bobas,
Isto é, que a gente grande achava bobas
Como qualquer troca de confidências entre crianças de cinco anos.
Crianças...
Parecia que entre um e outro nem havia ainda separação de sexos
A não ser o azul imenso dos olhos dela,
Olhos que eu não encontrava em ninguém mais,
Nem no cachorro e no gato da casa,
Que tinham apenas a mesma fidelidade sem compromisso
E a mesma animal – ou celestial – inocência,
Porque o azul dos olhos dela tornava mais azul o céu:
Não, não importava as coisas bobas que disséssemos.
Éramos um desejo de estar perto, tão perto

Que não havia ali apenas duas encantadoras criaturas
Mas um único amor sentado sobre uma tosca pedra,
Enquanto a gente grande passava, caçoava, ria-se, não sabia
Que eles levariam procurando uma coisa assim por toda a sua vida...

Não vou comentá-lo. Queria apenas registrar que este é um dos poemas que gosto de ler em sala de aula. Ler em voz alta, pedir que cada um repita um ou mais versos de que mais tenha gostado. Ler novamente todo o poema para que as imagens, o ritmo calem em cada leitor/ouvinte. Mas também discuti-lo, dependendo do tempo, do objetivo que se tem e da turma com que se está trabalhando.

O que seria essa "fidelidade sem compromisso"? Por que "a gente grande (...) caçoava, ria-se" daquela experiência infantil? Enfim, que *valor* é esse que está representado no poema e por que esse título "Indivisíveis"? E o que dizer dessa comunhão mítica entre a criança, seus bichos de estimação e seu primeiro amor?

Aqui também poderíamos pensar numa das funções da poesia: eternizar momentos singulares de nossa experiência. Octavio Paz (1990: 54) refletiu agudamente sobre o caráter ao mesmo tempo histórico e mítico do poema. Para ele

> O poema é um tempo arquetípico; e por sê-lo, é tempo que se encarna na experiência concreta de um povo, um grupo ou uma seita. Esta possibilidade de encarnar-se entre homens torna-o manancial, fonte: o poema dá a beber a água de um perpétuo presente que é, também, o mais remoto passado e o futuro mais imediato.

Queremos partir desses três poemas de um mesmo poeta para fazer uma afirmação mais ampla relativa ao trabalho com poemas para adolescentes: não há propriamente uma poesia para jovens. E, dos livros que têm surgido procurando ocupar este espaço, poucos conseguem se sustentar do ponto de vista estético. Tendem ao lugar-comum, à facilitação de linguagem e, sobretudo, à padronização de certos modelos e atitudes disseminados como típicos do jovem. O que queremos dizer é que se não há livros de poemas para jovens em quantidade e qualidade, por exemplo, comparáveis à poesia para criança, por outro, isso não nos parece um problema insolúvel. É possível buscar nas obras de nossos grandes poetas um bom número de poemas para serem lidos em sala de aula (como vimos, quando anteriormente, falamos das antologias). Hoje, com a facilidade dos recursos *online*, é possível acessar inúmeros textos (mas o professor precisa consultar as obras, pois há muitas postagens equivocadas, com atribuições de autoria errada e transcrições que não respeitam a forma do poema). E se alguns dos alunos se encontrarem com a poesia de determinado autor, com certeza irão à procura das obras integralmente.

POETAS E POETISAS CONTEMPORÂNEOS

Felizmente, o trabalho de seleção de poemas de diferentes autores vem sendo feito. Sobre a poesia de Manuel Bandeira (1986), temos *Berimbau e outros poemas*, organizado por Elias José, e, mais recentemente, *Para querer bem*, organizado por Bartolomeu Campos de Queirós. Também de Carlos Drummond de Andrade organizou-se uma antologia para jovens leitores: trata-se de *A palavra mágica*, que tem chegado a muitas escolas, sobretudo as particulares. De Mario Quintana, temos *Nariz de vidro*, uma boa antologia com que já trabalhamos, conforme relato anterior. Mas, e Mário de Andrade, Cecilia Meireles, Murilo Mendes, Jorge de

Lima, Guilherme de Almeida, para ficarmos apenas com alguns do grupo dos modernistas?

Mesmo que tivéssemos, de todos os nossos grandes poetas, excelentes seleções para jovens leitores, isso não nos tiraria a obrigação de visitar as obras completas e, sobretudo, de levar aquele poema que mais nos agrada. Como, há muitos anos, lembrou a professora Maria Antonieta Antunes Cunha, o gosto pessoal do professor não pode ser desprezado. Mais que isso: ele pode ser o diferencial no trabalho com o poema. Não podemos nem devemos nos subordinar ao gosto dos organizadores de antologias e muito menos ao dos autores de livros didáticos.

É bom, também, estar atento aos poetas mais recentes — vivos ou mortos. Na poesia de Adélia Prado, Paulo Leminski, José Paulo Paes, Hilda Hilst, Alice Ruiz, Sérgio de Castro Pinto, entre tantos outros, encontramos qualidade estética e diversidade temática e de visão de mundo que a qualificam para o trabalho em sala de aula. Quanto aos temas, tudo vale a pena. Não há por que privilegiar o amor, a paixão, os desejos quando se trata de poemas para jovens. Esse privilégio é o que mais cansa nalguns livros voltados a esse público. O amor, a paixão nos encantam em qualquer fase da vida. Mas há outros interesses como os temas sociais, políticos, religiosos, esportivos, a condição da mulher, entre tantos. E cada sala terá um perfil diferenciado que deverá ser levado em conta na escolha dos poetas e poetisas a serem trabalhados E já que citamos alguns, vamos mostrar poemas de cada um deles, que acreditamos possam ser trabalhados com turmas de ensino médio.

Leminski (1993) tem momentos líricos surpreendentes, sempre marcados por forte tensão. Nada em sua poesia parece pacificado, como nestes versos:

o amor, esse sufoco
agora há pouco era muito
agora, apenas um sopro

ah, troço de louco,
corações trocando rosas,
e socos

José Paulo Paes (1992) nos deixou poemas cheios de ironia e de questionamentos dos valores do mundo moderno. Sua poesia infantil já é bastante conhecida, mas há na sua obra poética, em geral, inúmeros poemas que temos lido com jovens e que têm tido uma recepção surpreendente. Veja-se este grande poema que ele intitula

Ao Shopping Center

Pelos teus círculos
vagamos sem rumo
nós almas penadas
do mundo do consumo.

De elevador ao céu
pela escada ao inferno:
os extremos se tocam
no castigo eterno.

Cada loja é um novo
prego em nossa cruz.
Por mais que compremos
estamos sempre nus

nós que por teus círculos
vagamos sem perdão
à espera (até quando?)
da Grande Liquidação.

Agora, Adélia Prado (1991), talvez a autora da poesia mais peculiar que nos surgiu no final do século XX e que permanece como uma ilustre desconhecida entre os nossos professores, a não ser por um ou outro poema que começa a aparecer nos livros didáticos. Toda uma perspicácia feminina, que parece não ter idade, ela nos entrega neste poema:

Fatal

Os moços tão bonitos me doem,
impertinentes como limões novos.
Eu pareço uma atriz em decadência,
mas, como sei disso, o que sou
é uma mulher com um radar poderoso.
Por isso, quando eles não me veem
como se me dissessem: acomoda-te no teu galho,
eu penso: bonitos como potros. Não me servem.
Vou esperar que ganhem indecisão. E espero.
Quando cuidam que não,
estão todos no meu bolso.

Três poetas, três poemas, três situações para discutirmos com nossos alunos questões sérias, diante das quais ninguém vai querer negar seu ponto de vista. Em Leminski, a constatação de que o amor também muda, de que é contraditório — "corações trocando rosas/e socos". Mas é preciso destacar que há um ritmo que nos encanta, há uma forma que ordena a experiência marcada pela contradição. O professor poderia convocar inúmeros poemas que retomam a temática do amor para observar como cada autor organiza sua experiência, as peculiaridades de visão de mundo.

Sonetos de Camões, algumas liras de Gonzaga, inúmeros poemas de Vinicius de Moraes, alguns de Adélia Prado poderiam formar uma seleta para ser detidamente apreciada em sala de aula. Poderiam comparecer a essa antologia canções populares. Observar, por exemplo, o modo de construção e os sentidos do poema "Amor é fogo que arde sem se ver", de Camões e a canção "Faltando um pedaço", de Djavan.

José Paulo Paes nos envolve no círculo vicioso do consumo e como que, com suas imagens, nos põe a nu, pois certamente muitas vezes todos nós "vagamos sem rumo", como "almas penadas no mundo do consumo". Quantas boas discussões presenciamos a partir deste poema. Também aqui outros textos poderiam ser convocados para estimular uma discussão. Por exemplo, "Eu, etiqueta", de Carlos Drummond de Andrade, poema longo, marcado por cortante ironia.

E Adélia? Há uma sabedoria feminina de que muitas vezes, nós, homens, nem sequer suspeitamos. Esse também é um bom tema para debater. Inclusive, começar discutindo esta minha afirmação: há mesmo uma sabedoria feminina? É preciso que se diga que muito pouca poesia feita por mulheres chega à escola, com exceção, talvez, de Cecilia Meireles. Alguém já ouviu falar de Henriqueta Lisboa, Hilda Hilst, Olga Savary, Lenilde Freitas, Maria Lúcia Dal Farra, Ilka Laurito, Cora Coralina e tantas outras, inclusive as conhecidas apenas regionalmente? E por falarmos em (des)conhecidas, vejamos belo poema de uma autora de que certamente quase ninguém nunca ouviu falar. Primeiro o poema:

Fronteira

Invoquei seu nome
para fazer amor.
Às vezes me sinto um pomar
e sua mão de homem
em minha terra morna,
revela-me fecunda,
brisa entre as frutas.

Em meus peitos, só
de presteza e assanho,
um arrepio eriçado
denunciou o desejo,
mas fiquei quieta
porque não era hora.
De súbito, o embaraço:
que fruta sorveria
de minha boca
se as maçãs não lhe confortam?
De caldo espesso, a ternura
faz um doce,
põe nele um nome
e diz que nunca acaba.
Minha mãe e eu sabemos
que isso é só engodo.
Sem limites, ó filha,
é só Deus.

A autora é Cláudia Lidroneta (2004), uma mineira, médica, que mora em Brasília e publicou um livro chamado *O ouro de Ofir*. Como não pensar, depois da leitura deste poema, num sabor telúrico e sensual, na voz de um corpo que tem sede, mas sabe de seus limites?

Para não ficarmos apenas numa apreciação temática, é bom observar que os poemas têm ritmos diferentes, formas peculiares e isso deve ser comentado com os alunos. Mas não com uma teoria pré-fabricada. O texto é que deve suscitar o comentário. Noutras palavras, informações sobre teoria do verso, sonoridade, imagens devem ser mostradas em ação, isto é, deve-se chamar a atenção para o efeito estético que este ou aquele recurso têm no poema que se está estudando. Mas esse não é o objetivo da aula. Os poemas devem ser discutidos, apreciados, aproximados à vida de seus leitores. Realizada essa aproximação, as questões analíticas e teóricas — que muitas vezes são suscitadas nas discussões — poderão ser acionadas para favorecer uma ampliação da percepção.

Como se pode observar, as sugestões aqui apresentadas sobre os três poemas estão ancoradas numa espécie de comparativismo temático. Há muitos outros caminhos. Começar lendo um livro de poemas integralmente, para quem não tem experiência de leitura de poesia, pode afastar alguns leitores (e aproximar outros). Por outro lado, o cultivo do gosto através da leitura semanal de um ou outro poema poderá levar mais rapidamente à leitura de obras integrais. Leitores que irão procurar o livro não porque o professor indicou ou está previsto para o vestibular, mas porque encontram um sentido, porque essas obras respondem a uma necessidade de experiência estética mais vertical.

O PODER DA POESIA

O que nos guia ao longo dessas reflexões é a visão de que "o objetivo que permanece fundamental na poesia é o de nos colocar num estado segundo, ou, mais precisamente, fazer com que esse estado segundo converta-se num estado primeiro" (Morin, 1998: 43). Acreditamos, portanto, na possibilidade de "reintroduzir a poesia na vida" (Morin, 1998: 43), sobretudo chamando a atenção para o que Oswald de Andrade falou no início do século: a poesia está nos fatos.

Trata-se de buscar uma prática que se define por oferecer textos que possibilitem uma convivência mais sensível com o outro, consigo mesmo, com os fatos do cotidiano, com a vida e com a linguagem. Certamente este é um percurso de resistência. Resistência que deve começar dentro dos próprios cursos de Letras, em que sempre estão nos cobrando aplicação de teorias, objetividade, produtividade. Em mais de trinta anos de convivência com jovens, posso afirmar que é possível promover um trabalho sensibilizador através da poesia. E que sensibilizar não é oba-oba e não prescinde da razão, da reflexão. A proposta pode ser exigente, mas é sobremaneira prazerosa. Nesse percurso, uma questão é fundamental: não ensinamos poesia, não é um saber técnico instrumental que define o trabalho com a literatura numa perspectiva de formação de leitores; é, antes, uma convivência que se partilha. Diria mesmo, uma alegria que nasce da convivência com os jovens e com a poesia. Os poetas nos ensinam a sentir melhor o mundo, a dar atenção às coisas que não têm importância nenhuma. Quintana (2005) nos lembra disso em vários poemas, sobretudo em "Ah, sim, a velha poesia". Ela nos leva até mesmo a descobrir, naquilo a que não damos valor, algo inesperado.

O poeta e crítico português Adolfo Casais Monteiro (1965: 31) nos lembra:

> É certo que, tal como a linguagem da razão, a poesia também procura uma verdade. Mas é uma verdade daquela dimensão humana em que dois mais dois não são igual a quatro. Nem por isso é uma linguagem do absurdo, muito menos do irreal. O mais estranho poder da poesia é que ela torna o mundo mais verdadeiro, exatamente porque, nela, as palavras não funcionam como sinais, ou como rótulos, mas como substitutos de alguma coisa que permanece por trás delas.

A escola poderá oferecer uma aproximação mínima com a poesia. Somente a convivência cotidiana com ela pode nos levar a essa percepção do "mundo mais verdadeiro" de que nos fala o poeta. Para tanto, é bom relembrar: é o professor que conhece sua turma e sabe que poemas indicar, que tipo de discussão pode estimular e como procurar sensibilizar os leitores mais recalcitrantes.

EM BUSCA DO ESTADO DE POESIA

Em um ensaio denominado "A poesia é ainda necessária?", Alfredo Bosi (2013) inicialmente afirma: "Nunca pensaria que devesse, um dia, falar da necessidade de poesia" (p. 9).

> Quem pergunta sobre a necessidade da poesia poderá estar experimentando uma falta e provavelmente um sentimento misto de saudade do que terá passado sem retorno e angústia por um presente cujo futuro é ainda enigma (p. 9).

Essa reflexão inicial nos instiga várias outras. Na condição de quem iniciou o magistério no ensino básico e, nesse espaço, conseguiu realizar inúmeras experiências significativas — parte delas compõe este livro —, e que, no ensino superior, vem pesquisando sempre os problemas da utilização da poesia no livro didático e propondo alternativas, orientando pesquisas cujo fulcro são as relações entre leitura literária e ensino, aponto para um caminho de esperança — mas também de muito trabalho.

Perguntar se "a poesia ainda é necessária", a meu ver, não tem sempre ligação com saudade. Sentimos saudade de algo que vivemos. No entanto, a ampliação da escola pública não trouxe a convivência com a poesia para todos e nem a escola particular está muito preocupada com esse tipo de vivência. Marisa Lajolo (1993) publicou um artigo denominado "Poesia: uma frágil vítima da escola", em que aponta inúmeros problemas de abordagem de poemas em livros didáticos dos primeiros anos de ensino fundamental. No início da década atual, em pesquisas em livros didáticos do 6º ao 9º ano, chegamos quase às mesmas conclusões e observamos algumas complicações suplementares (Alves, 2001). Em todos os livros didáticos analisados, o que é mais comum é o uso meramente pragmático dos poemas, cujas escolhas quase sempre estão articuladas a conteúdos programáticos e/ou temas de "projetos".

Se, por um lado, temos inúmeras pesquisas que apontam para os mais diversos problemas relativos à abordagem do poema na escola, por outro, o resultado desses trabalhos pouco repercute no espaço escolar.

Mas o quadro tem também aspectos positivos. Aumentou significativamente o número de livros de poemas para crianças e, no âmbito do público juvenil, temos obras que atendem, de certo modo, ao horizonte de expectativa desses leitores, como já apresentamos em algumas delas.

O que vimos o tempo todo defendendo e tentando mostrar é que é possível vivenciar na sala de aula algum *estado de poesia*. Como lembra Valéry (1991: 213), o poema "não morre por ter vivido: ele é feito expressamente para renascer de suas cinzas e vir a ser indefinidamente o que acabou de ser". E se o poema *renasce* quando o leitor mergulha em seus versos, seus ritmos, suas imagens acendem no leitor o *estado de poesia* vivido pelo poeta e expresso em sua obra. Valéry (1991: 217) continua: "Na verdade, um poema é uma espécie de máquina de produzir estado de poesia através das palavras".

É do diálogo texto-leitor que vai nascer essa experiência poética, que vai se dar essa repercussão no sujeito leitor. O alimento do pássaro-

-poema, para usar a imagem de Quintana, está no sujeito leitor, como está dito no poema abaixo:

Os poemas

Os poemas são pássaros que chegam
não se sabe de onde e pousam
no livro que lês.
Quando fechas o livro, eles alçam voo
como de um alçapão.
Eles não têm pouso
nem porto
alimentam-se um instante em cada par de mãos
e partem.
E olhas, então, essas tuas mãos vazias,
no maravilhado espanto de saberes
que o alimento deles já estava em ti...

ANTOLOGIAS E LIVROS DE POEMAS

SUGESTÕES DE LEITURA

Um problema que muitos professores nos colocam, em diferentes contatos, é o que e como escolher livros de poemas. Cada leitor vai em busca de seu caminho, e eles são diversos. No entanto, um poema ouvido ou lido na escola, um livro visto de relance, uma antologia, a audição num *link* de internet, tudo pode servir de estímulo para a descoberta da poesia. Mas não basta descobrir, é preciso dar continuidade à experiência de leitura. Muitas vezes entregando-se por anos a um mesmo poeta ou poetisa. Outras, visitando alguns, descobrindo afinidades, diferenças, ampliando o repertório de leitura e percepção.

Temos muitos problemas no percurso de formação de leitores de poemas. Um deles é que, mesmo em grandes livrarias e bibliotecas, o lugar da poesia é sempre diminuto. E afora os clássicos, realmente fica difícil arriscar uma escolha. Mas é preciso arriscar. Por outro lado, a escrita de poesia é bastante pródiga entre nós.

Pensando nessa questão, oferecemos a seguir algumas sugestões de obras ao leitor que deseja dar seu voo mais livre no universo da poesia. Nas referências bibliográficas deste livro, estão os autores citados, com espaço maior para os "clássicos modernos". Aqui, ampliamos o leque, com destaque para a lírica feminina, que sempre fica à margem na maioria das antologias e livros didáticos.

Começamos pelas antologias acessíveis (há inúmeras cujo acesso hoje é mais complicado para quem não está em grandes centros, onde estão as bibliotecas), lembrando sempre, que, conforme Eliot (1991: 72), a utilidade da antologia "se relaciona ao interesse da comparação, da habilidade de estabelecer, num espaço exíguo, uma sinopse da evolução da poesia". Para Eliot, "se é muito o que podemos aprender com a leitura de toda a obra de um poeta, é muito o que aprendemos ao passar de um poeta a outro". E dizemos mais: a antologia nos possibilita a descoberta de autores de que muitas vezes ouvimos falar, mas cuja obra — ou parte dela — nunca lemos.

Há ainda grande lacuna na produção de antologias entre nós. Por exemplo, não temos antologias sobre poemas que falam do mar, do beijo, da solidão, da seca, da fome, da morte e tantos outros temas. Obras temáticas poderiam servir de estímulo de leitura a pessoas de diferentes áreas do saber.

A indicação de livros seguiu um pouco o que vimos lendo nos últimos anos. A diversidade é grande e proposital. Destacamos a necessidade de conhecer o que está sendo escrito nos mais diferentes lugares, uma vez que, de maneira geral, ainda predomina, do ponto de vista de divulgação, o que se produz no eixo Rio-São Paulo, ou no sudeste. Às vezes em nossa cidade há um poeta ou poetisa desconhecidos que precisam ser descobertos, ter um mínimo de visibilidade.

A formação de leitores passa muito pelo conhecimento de obras diversas, de pontos de vista diversos, de linguagens diversas. Com o tempo, vamos elegendo nossos prediletos. Que estas sugestões estimulem, sobretudo, a buscar novos autores e autoras e a criar na sala de aula espaço para divulgação, inclusive para o diálogo com os poetas e as poetisas locais. Enfim, estamos conscientes de muitas ausências, mas optamos por indicar obras de que temos um conhecimento mínimo.

Vamos à leitura.

Antologias

Vamos iniciar indicando três grandes coleções que fornecem uma visão ampla da poesia brasileira.

A primeira é a "Coleção Melhores Poemas", editada pela Global, sob a direção de Edla Van Steen e que conta com mais de 50 obras publicadas com autores(as) do período colonial à atualidade. Cada obra é organizada por um(a) especialista e traz sempre uma apresentação do(a) autor(a) estudado e mais referências.

A segunda, "Roteiro da poesia brasileira", também sob a direção de Edla Van Steen, recobre a poesia brasileira na perspectiva das escolas literárias/estilos de época. O primeiro volume da série denomina-se *Raízes*, seguido de *Arcadismo*, *Romantismo*, até o *Modernismo*. A partir daí, a coleção é dividida por décadas:

Anos 30, Anos 40, até os *Anos 2000.* Cada exemplar é organizado também por um especialista e traz um rápido panorama do estilo de época a que se dedica. Um limite da coleção é o número reduzido de poemas por autor(a).

A terceira e última é a "Coleção Poesia Brasileira", organizada por Assis Brasil e que recobre os estados da Federação. Por exemplo, *Poesia cearense do século XX, Poesia maranhense do século XX* etc. Não sabemos se a empreitada (hercúlea, diga-se de passagem) já contemplou todo o país, mas pelos exemplares a que tivemos acesso, mais da metade já foi. Cada exemplar contribui para se ter uma visão do dinamismo de nossa produção poética ao longo do século XX e, ao mesmo tempo, serve de indicação de poetas e poetisas cuja obra não teve uma circulação nacional.

Passemos agora às antologias em volume único e, a seguir, aos livros de poemas.

BARBOSA, Frederico. *Cinco séculos de poesia: Antologia da poesia clássica brasileira.* São Paulo: Editora Aquariana, 2011.

BARBEITOS, Arlindo *et al.* (org.). *Poesia africana de língua portuguesa: Antologia.* Rio de Janeiro: Nova Fronteira, 2012.

BUENO, Alexei. *Antologia pornográfica: De Gregório de Mattos a Glauco Mattoso.* Rio de Janeiro: Nova Fronteira, 2004.

BERND, Zilá (org.). *Antologia de poesia afro-brasileira: 150 anos de consciência negra no Brasil.* Belo Horizonte: Mazza Edições, 2011.

CALCANHOTO, Adriana (org.). *É agora como nunca: Antologia incompleta da poesia contemporânea brasileira.* São Paulo: Companhia das Letras, 2017.

_____. (org. e ilustração). *Haicai do Brasil.* Rio de Janeiro: Edições de Janeiro, 2004.

DANIEL, Claudio; BARBOSA, Frederico (org.). *Na virada do século: Poesia de invenção no Brasil.* São Paulo: Landy, 2002.

LYRA, Pedro (org.). *Sincretismo: A poesia da geração 60.* Rio de Janeiro: Topbooks, 1995.

MEDEIROS, Irani (org.). *No reino da poesia sertaneja: Leandro Gomes de Barros.* São Paulo: Patmos Editora, 2016.

MORAES, Eliane Robert. *Antologia da poesia erótica brasileira.* Cotia: Ateliê Editorial, 2015.

PINHEIRO, Hélder (org.). *Poesia Brasileira: Das origens ao pré-modernismo.* Campina Grande: EDUFCG, 2017.

SAVARY, Olga (org.). *Antologia da nova poesia brasileira.* Rio de Janeiro: Editora Hipocampo/Prefeitura da Cidade do Rio de Janeiro, 1992.

SILVA, Alberto da Costa; BUENO, Alexei. *Antologia da poesia portuguesa contemporânea: Um panorama.* Rio de Janeiro: Lacerda, 1999.

SOUSA, Carlos Mendes de; RIBEIRO, Eunice (org.). *Antologia da poesia experimental portuguesa: anos 60 - anos 80.* Coimbra: Angelus Novus, 2004.

Livros de poemas

AGUIAR, André Ricardo. *A idade das chuvas.* São Paulo: Editora Patuá, 2012.

ANTUNES, Arnaldo. *Tudos.* São Paulo: Iluminuras, 1993.

ARAÚJO, Laís Corrêa de. *Inventário – 1951-2002.* Belo Horizonte: Editora da UFMG, 2008.

ARAÚJO, Keula. *Terreiros.* Teresina: Editora Nova Aliança, 2009.

ARCHANJO, Neide. *Poesia: 1964 a 1984.* Rio de Janeiro: Guanabara, 1987.

ASSARÉ, Patativa. *Ispinho e Fulô.* São Paulo: Hedra, 2012.

BEHR, Nicolas. *Laranja seleta.* Rio de Janeiro: Língua Geral, 2007.

BARROS, Manoel de. *Poesia completa.* São Paulo: LeYa, 2013.

CAMPOS, Augusto. *Outro.* São Paulo: Perspectiva, 2015.

ÇASSANDRA, Fidélia. *Plumagem.* Campina Grande: EDUFCG, 2008.

CESAR, Ana Cristina. *A teus pés.* São Paulo: Brasiliense, 1987.

CRUZ, Arlete Nogueira da. *Litania da velha.* São Luís: Linograf, 2002.

CUTI. *Negroesia: Antologia poética.* Belo Horizonte: Mazza Edições, 2010.

EVARISTO, Conceição. *Poemas da recordação e outros movimentos.* Belo Horizonte: Nandyala, 2008.

FERREIRA, Ascenso. *Catimbó, cana caiana, xenhenhém.* São Paulo: Martins Fontes, 2008.

FONTELA, Orides. *Poesia reunida [1969 - 1996].* São Paulo: Cosac Naify: 2006.

FREITAS, Armando. *Duplo cego: (1994-1997).* Rio de Janeiro: Nova Fronteira, 1997.

FREITAS, Lenilde. *Grãos na eira.* São Paulo: Ateliê Editorial, 2001.

JESUS, Carolina Maria de. *Antologia pessoal.* Rio de Janeiro: Editora UFRJ, 1996.

LEMINSKI, Estrela Ruiz. *Poesia é não.* São Paulo: Iluminuras, 2011.

LIMA, Conceição. *A dolorosa raiz do Micondó.* São Paulo: Geração Editorial, 2012.

LIMA, Lisbeth. *Romã: poesia.* Natal: Sebo Vermelho, 2008.

LIMAVERDE, Regine. *Dentro de mim, o mar.* Fortaleza: Expressão Gráfica e Editora, 2017.

LIMA, Vitória. *Fúcsia.* João Pessoa: Linha d'Água, 2007.

LIRA, Socorro. *Aquarelar poemas.* São Paulo: Liraprocult, 2007.

LISBOA, Henriqueta. *Pousada do ser.* Rio de Janeiro: Nova Fronteira, 1982.

LUCINDA, Elisa. *Vozes guardadas.* Rio de Janeiro: Record, 2016.

MAMEDE, Zilá. *Navegos: A herança.* Natal: Editora da UFRN, 2003.

MARANHÃO, Salgado. *Ópera de nãos.* Rio de Janeiro: 7 Letras, 2015.

MELO, José Inácio Vieira de. *Sete.* Rio de Janeiro: 7 Letras, 2005.

MENDONÇA, Saulo. *Luz de musgo.* João Pessoa: Sal da Terra Editora, 2008.

MOTA, Maria Elisabete Lima. *Declaro que estou em tormento: Poesia da sarjeta.* Rio de Janeiro: Espaço e Tempo, 1987.

NEVES, Libério. *Papel passado: Antologia poética.* Belo Horizonte: Editora UFMG, 2013.

NETO, Amador Ribeiro. *BARROCIDADE.* São Paulo: Landy Editora, 2003.

NOGUEIRA, Lucila. *Desespero blue.* Recife: Bagaço, 2003.

PERSONA, Lucinda Nogueira. *Sopa escaldante.* Rio de Janeiro: 7 Letras, 2001.

PINHO, Barros. *Carta do pássaro.* São Paulo: Escrituras Editora, 2014.

PINTO, Sérgio de Castro. *A flor do gol.* São Paulo: Escrituras Editora, 2014.

RIBEIRO, Ana Elisa. *Xadrez.* Belo Horizonte: Scriptum, 2015.

ROSA, Mário Alex. *Ouro Preto.* Belo Horizonte: Scriptum Livros, 2012.

RUIZ S., Alice. *Outro silêncio: Haicais.* São Paulo: Boa Companhia, 2015.

_____. *Jardim de Haijin.* Ilustração: Fê. São Paulo: Iluminuras, 2010.

SALOMÃO, Waly. *Poesia total.* São Paulo: Companhia das Letras, 2014.

SANTANA, Jeová. *Solo de rangidos.* Maceió: Imprensa Oficial Graciliano Ramos, 2016.

SAVARY, Olga. *Linha d'água.* Rio de Janeiro: Hipocampo, 1987.

SIQUEIRA, Lau. *Livro arbítrio.* Porto Alegre: Casa Verde, 2015.

TAVARES, Bráulio. *O homem artificial.* Rio de Janeiro: Sette Letras, 1999.

_____. *A pedra do meio-dia ou Artur e Isadora: Literatura de cordel.* São Paulo: Editora 34, 1998.

TAVARES, Paula. *Amargos como os frutos.* Rio de Janeiro: Pallas, 2011.

TRINDADE, Solano. *Solano Trindade, o poeta do povo.* São Paulo: Editora Segmento Farma, 2008.

VILELA, Arreite. *A palavra sem âncora.* Maceió: Grafmarques, 2005.

VILLAÇA, Alcides. *Ondas curtas.* São Paulo: Cosac Naify, 2014.

BIBLIOGRAFIA COMENTADA

Foi pensando no público a que este livro se destina que montamos esta bibliografia comentada. Ela é quase que exclusivamente dedicada à poesia: sua dimensão sensível, procedimentos didáticos, valores da poesia em geral e da poesia infantil em particular, temas, valoração estética etc. Trata-se de um indicativo para o professor que queira trabalhar com o poema na sala de aula com um mínimo de segurança. Deixamos de lado as leituras teóricas sobre a análise do poema, bem como as obras poéticas de autores importantes. Esperamos que o leitor não se contente com o que aqui vai. Há que enfrentar obras teóricas e ler livros de poesia tendo em vista sua formação leitora.

Acrescentamos, nesta edição, algumas obras mais recentes. Mantivemos algumas já fora de catálogo, pois acreditamos que os leitores poderão buscar acesso a elas em bibliotecas ou sebos.

1. **ABRAMOVICH, Fanny. *Literatura infantil – Gostosuras e bobices.* São Paulo: Scipione, 1989.**
   O capítulo 5, "Poesia para crianças", discute considerações tradicionais sobre a poesia, acolhe a ideia de que a poesia "é uma brincadeira com as palavras" e exemplifica várias possibilidades de realização (explorando "sensações", "sonhos" e "emoções"). Há um tópico sugerindo "Como trabalhar com a poesia com as crianças". O livro é escrito em linguagem simples, direta, ideal para ser estudado em cursos de formação de professores.

2. **AGUIAR, Vera Teixeira de. *Que livro indicar –Interesses do leitor jovem.* Porto Alegre: Mercado Aberto/IOEL, 1978.**
   Temos aqui um resumo dos "resultados de um inquérito, realizado em oito escolas de Porto Alegre, sobre os interesses de leitura dos estudantes de ensino fundamental, em relação a série/idade, sexo e nível socioeconômico" ("Introdução"). O acesso ao resultado de pesquisas como esta

nos dá mais segurança na escolha do livro paradidático. Consulte-se, nesta pesquisa, o lugar ocupado pela poesia nos interesses dos alunos. O quadro se repete na atualidade.

3. **AGUIAR, Vera T. de, CECCANTINI, João Luís (orgs.). *Poesia infantil e juvenil brasileira: uma ciranda sem fim.* São Paulo: Cultura Acadêmica Editora; Núcleo Editorial Proleitura, 2012.**
O livro, composto de doze artigos, aborda um amplo leque de publicações de nossa poesia infantil e juvenil. Além de trazer leituras pontuais sobre determinados poetas e poetisas, também discute gêneros poéticos, poesia e imagem, aspectos temáticos recorrentes ao longo da história da poesia infantil, como a presença de animais, questões sobre leitura de poesia e construção da identidade, entre outros. Ao final dos artigos, vem um tópico denominado "Para fruir a poesia na escola", em que são indicadas algumas sugestões de atividades para sala de aula.

4. **AVERBUCK. Lígia Morrone. A poesia e a escola. In: ZILBERMAN, Regina (org.).** *Leitura em crise na escola: as alternativas do professor.* **Porto Alegre: Mercado Aberto, 1982, pp. 63-83.**
Para a autora, a responsabilidade da escola não é de "fazer poetas, mas de desenvolver no aluno (leitor) sua habilidade de sentir a poesia, apreciar o texto literário, sensibilizar-se para a comunicação através do poético e usufruir a poesia como uma forma de comunicação com o mundo" (p. 67). O ensaio se divide em tópicos que discutem a possibilidade de ensinar a poesia, levanta a questão de uma metodologia para o ensino da poesia. Nos tópicos finais, reflete, agora com exemplificação de poemas, a sonoridade, o imagismo e a plasticidade da palavra poética.

5. **BAMBERGER, Richard. *Como incentivar o hábito de leitura.* Trad.: O. M. Cajado. São Paulo: Ática/UNESCO, 1986.**
Livro indispensável para professores, pedagogos, bibliotecários e interessados no problema da leitura literária. Chamamos a atenção para os capítulos: "3. Ensino eficaz e leitura"; "6. Métodos para determinar interesses individuais de leitura" e "7. Promoção do desenvolvimento dos interesses e motivações da leitura e do hábito de ler". Vale transcrever o parecer de Laura Sandroni sobre essa obra: "Ele demonstra, de modo claro e conciso, que professores interessados e informados, sendo eles mesmos leitores, podem fazer com que os alunos experimentem na leitura um prazer idêntico ao seu e também que existe uma relação direta entre esse prazer e o acesso ao livro nas salas de aula".

6. **BERALDO, Alda. *Trabalhando com poesia.* São Paulo: Ática, s.d. (vol. I e II).**
O livro da professora Alda é rico na quantidade de poemas infantis e juvenis. É das poucas obras em que se lança mão da produção atual de poesia destinada ao público infantil. Outro mérito é a escolha que ela faz, na obra de autores consagrados, de poemas não intencionalmente escritos para crianças. Parece-me exaustivo nos dois livros o apelo à criação. *Trabalhando com poesia* pode ser utilizado nas séries iniciais do ensino fundamental.

7. **BORDINI, Maria da Glória. *Poesia infantil.* São Paulo: Ática, 1986.**
Trata-se de um dos raros livros teóricos especificamente dedicados à poesia infantil. A autora aponta as modalidades de poesia infantil, analisando a *musicalidade*, o *caráter imagético*, a *plasticidade*, denunciando o caráter ideológico dos textos (tom de superioridade, moralismo etc.) de determinadas produções. O livro é rico em análises literárias, chamando-nos a atenção para o fato de que o bom poema infantil resiste a uma averiguação crítica de sua estrutura e seu sentido. O último capítulo é uma espécie de levantamento dos traços formais dos diversos estilos da poesia infantil.

8. **CADEMARTORI, Lígia. *O que é literatura infantil.* São Paulo: Brasiliense, 1986.**
Discute o conceito de literatura infantil, indica seu nascimento, comenta rapidamente algumas obras clássicas e passeia sobre diversos gêneros. Há um capítulo específico sobre "A produção nacional". A autora revela uma visão pessoal e acurada sobre os assuntos tratados. O livro é uma excelente iniciação aos estudos de literatura infantil.

9. **CARA, Salete de Almeida. *A poesia lírica.* São Paulo: Ática, 1985.**
A leitura desse livro é muito proveitosa para quem deseja ter uma visão panorâmica do nascimento e evolução da poesia (da Grécia à atualidade). Essa visão evolutiva é apresentada em três grandes momentos: "A herança clássica", "A lírica romântica" e "O lirismo moderno". O livro da professora Salete, além do bom tratamento de conceitos essenciais, é também rico em citação de bons poemas.

10. **COELHO, Nelly Novaes. *Literatura infantil – Teoria, análise, didática.* São Paulo: Ática, 1991.**
No âmbito dessa bibliografia específica, recomendamos a leitura do capítulo 9: "A poesia destinada à criança". Além de vários tópicos gerais sobre a poesia, a autora comenta livros de poesia de autores como Henriqueta Lisboa, Cecilia Meireles, Sidónio Muralha, Vinicius de Moraes, Marcus Accioly, entre outros.

11. **COELHO, Nelly Novaes. *Dicionário crítico da literatura infantil e juvenil brasileira, 1882-1982.* São Paulo: Quiron/Brasília, INL, 1984.**
Essa obra analisa centenas de escritores de nossa tradição literária, constituindo-se, talvez, no esforço mais amplo de contornar um século de produção literária. Nesse *Dicionário,* encontramos o maior número de indicações de obras poéticas destinadas ao público infantil. Pode-se discordar de algumas posições críticas adotadas pela autora. No entanto, não se pode negar a importância de um trabalho tão exaustivo, tão bem cuidado e tão útil aos estudiosos e interessados na literatura infantil e juvenil.

12. **COSEN, Michel e outros. *O poder da poesia.* Trad.: M. H. Arinta. Coimbra, Livraria Almedina. 1980.**
Coletânea com textos de vinte colaboradores, rica em abordagens diversas, todas relativas à poesia. A primeira parte é: "As palavras à conquista do mundo", a segunda: "As condições da poesia", e a terceira: "Criatividade/criação para uma prática teórica". Por esses títulos se tem uma visão da obra. Um tema que não tocamos em nosso trabalho, e que aparece aqui no capítulo "IX: Jogos para dizer, palavras para brincar". Há neste capítulo sugestões de jogos poéticos que estimulam a criatividade e a imaginação.

13. **CUNHA. Maria Antonieta Antunes. *Literatura infantil: Teoria prática.* São Paulo: Ática, 1986.**
O capítulo 6 dessa obra é o que nos interessa mais de perto. Nos "aspectos teóricos", a autora, numa linguagem simples, faz considerações sobre a poesia e a criança, sugere tipos de versos mais aconselháveis na infância, defende a perspectiva de que a poesia "visa à sensibilidade do leitor, à emoção, à pura beleza" (p. 95). Há uma pequena antologia poética acompanhada de questionário estimulando a apreciação mais acurada dos poemas. Temos, no final, uma pequena amostra de análise literária.

14. **CUNHA. Maria Antonieta Antunes. *Poesia na escola.* São Paulo: Descubra, 1976.**
O livro parte da análise de uma pesquisa realizada entre professores. A seguir, analisa os dados, discute várias posições de pedagogos e escritores sobre a poesia na escola e dá orientações didáticas sobre o "Aproveitamento da poesia na escola". Há também uma pequena antologia poética. O grande problema é que o livro não é acessível.

15. **FERRAN. Pierre. A escola e a poesia. In: PORCHER, Louis (org.). *Educação artística: Luxo ou necessidade.* Trad.: Y. Michalski. São Paulo: Summus, 1982, p. 49-65.**

Embora tendo como fulcro da análise a situação da poesia na escola francesa, as reflexões e sugestões levantadas são úteis a todos nós. Com relação à escola primária, o autor nos sugere que "é indispensável conceber dois momentos distintos na abordagem da poesia. Um, reservado à comunicação propriamente dita, inicia-se por uma fase privilegiada de recolhimento poético, permite a sensibilização, a interiorização (...). O outro momento proporciona, no decorrer do dia, sessões de pesquisas e estudos pessoais, ficando as crianças livres no enfoque e na relação dos textos de que mais gostam (...)" (p. 55-56). Chamamos a atenção para os "jogos poéticos" sugeridos e exemplificados por Pierre Dargelos. Há ainda capítulos sobre "A música", "O desenho", "O teatro", "A dança" e "Uma arte audiovisual".

16. **GARCIA. Edson Gabriel (org.). *Biblioteca escolar: Estrutura e funcionamento*. São Paulo: Edições Loyola, 1989.**
Composto de sete capítulos/artigos que tratam de dimensões e problemas diversos relativos ao uso proveitoso da *biblioteca escolar*. Há no corpo geral dos artigos discussão de problemas, propostas de superação (ora diretos, ora subentendidos). A linguagem é simples, facilitando o acesso ao leitor comum, pouco acostumado a ensaios mais complexos. Concordamos com as sugestivas palavras de Ezequiel T. da Silva: "Neste momento de tantas carências e frustrações na área da educação brasileira, talvez *a construção e a conquista coletiva da biblioteca escolar* possam se transformar em fatores de reencontro, participação e integração" (grifo nosso).

17. **GOLDSTEIN, Norma. *Versos, sons, ritmos*. São Paulo: Ática, 1985.**
Trata, de forma concisa, dos elementos formais da poesia. "Ritmos", "sistemas de metrificação", "versos", "estrofes" e "rimas", entre outros. O último capítulo, "Estabelecendo relações", é um exemplo prático de análise e interpretação de um poema de Cecilia Meireles. O livro traz noções necessárias a quem deseja trabalhar com poesia.

18. **Centro de Pesquisas Literárias-PUCRS. *Guia de leitura para alunos de 1º e 2º graus*. São Paulo: Cortez; Brasília, DF; LNEP. MEC; Porto Alegre. CPL, PUCRS, 1989.**
Este é, com certeza, o mais rigoroso trabalho de indicação de leitura literária publicado no Brasil. As sugestões de leitura vão percorrer toda a educação básica. As pesquisadoras adotam a seguinte classificação, no que se refere à poesia: "Poesia descritiva", "poesia dramática", "poesia folclórica", "poesia lírica" e "poesia narrativa". A obra é apresentada em tópicos indicativos de "gênero, personagens, tempos, espaço", "aspectos estéticos e ideológicos"

e "indicação etária". As 775 obras examinadas estão devidamente citadas e acompanhadas da expressão "recomendado" ou "não recomendado". Quando vivemos um momento de explosão de obras, em sua grande maioria, de valor estético questionável, essa postura dos pesquisadores revela total independência com relação ao fascínio do apelo fácil a que o mercado nos pode induzir. Chamamos a atenção para a parte 1 do *Guia*, em que se discutem questões como *prazer* e *conhecimento, o acesso ao livro,* a relação *leitura e meios de comunicação de massa,* e, por fim, "Os meios de ativação da leitura literária entre os jovens". A leitura dessa parte do *Guia* é da maior importância para quem busca um trabalho consciente e refletido no âmbito da leitura literária.

19. **HELD, Jacqueline. *O imaginário no poder: as crianças e a literatura fantástica.* Trad.: C. Rizzi. São Paulo: Summus, 1980.**
Chamamos a atenção para o capítulo II, "Linguagem e poesia", em que a autora nos oferece reflexões agudas sobre a linguagem poética e fantástica e sua importância educativa. O fragmento a seguir dará o tom e a perspectiva da abordagem: "O próprio da linguagem poética é fantástica, o que a torna insubstituível na formação equilibrada de uma criança é sua essência multívoca. É convite à viagem ao país das palavras. Dá à criança, ou prolonga nela, o sentido do uso gratuito, não utilitário da linguagem" (p. 215).

20. **MARINHO, Ana Cristina; PINHEIRO, Hélder. *O cordel no cotidiano escolar.* São Paulo: Cortez, 2012.**
Trata-se de uma obra voltada para o ensino da literatura de cordel como literatura e não como apoio didático meramente. O primeiro capítulo traz um panorama da história da literatura de folhetos; o segundo, o mais amplo, contempla vários gêneros dessa literatura, bem como temas e personagens marcantes desse gênero literário. No último capítulo, os autores trazem sugestões metodológicas de abordagem no folheto na sala de aula.

21. **MARTINS, Letícia Malard. *Ensino e literatura no 2º grau.* Porto Alegre: Mercado Aberto. 1985.**
Trata de questões pertinentes ao estudo da literatura, não se detendo, portanto, na poesia. No tópico intitulado "O texto em processo de estudo" (p. 22), a autora nos dá "dicas" oportunas sobre o trabalho com a poesia.

22. **MARTINS, Maria Helena. *Crônica de uma utopia: Leitura e literatura infantil em trânsito.* São Paulo: Brasiliense, 1989.**
Livro fundamental para aprofundarmos questões relativas à leitura em geral. A autora, pioneira na experiência de salas de leitura em Porto Alegre, analisa

detidamente essa experiência. O livro de Maria Helena se destaca de outras obras do gênero pelo aparato teórico que lhe dá suporte, sem, no entanto, tornar-se inacessível. No que se relaciona à poesia, veja-se a experiência relatada no fragmento "A Arca de Noé: entre a inocência e a experiência" (p. 103-125). Há aqui, para quem deseja se aprofundar um pouco, uma densa avaliação estética da obra infantil de Vinicius de Moraes.

23. **PONDÉ, Glória M, Fialho. Poesia para crianças: a mágica da eterna infância. In: KHEDE, S. Salomão (org.). *Literatura infanto-juvenil: um gênero polêmico.* Porto Alegre: Mercado Aberto: 1986.**
A autora defende, como o título indica, a ideia de que a poesia preserva a magia natural do homem, libertando-o das convenções e levando-o a um retorno às origens. Com esse processo instaurado pela linguagem, a dominação do adulto sobre a criança se dilui porque o adulto se volta para o nível da criança, sem se mostrar superior. Além disso, por esse meio, pode-se chegar a um conceito de poesia infantil que não implique doutrinação. O artigo de Glória é bom suporte teórico para embasar o trabalho com a poesia. A autora retoma ideias e conceitos do crítico e poeta mexicano Octavio Paz.

24. **PONDÉ, Glória M, Fialho. Poesia e folclore para crianças. In: ZILBERMAN, Regina (org.). *A produção cultural para crianças.* Porto Alegre: Mercado Aberto, 1982.**
O ensaio procura refletir "em que medida a poesia infantil contemporânea se aproxima das poéticas atuais e qual a importância do folclore nos procedimentos poéticos dirigidos à infância". Chamamos a atenção pata o tópico "5 — A poesia folclórica: a iniciação".

25. **RESENDE, Vânia Maria. *O menino na literatura brasileira.* São Paulo: Perspectiva, 1988.**
O livro aborda alguns autores de nossa literatura infantil e juvenil (Lygia Bojunga, Ana Maria Machado) ao lado de escritores clássicos como Autran Dourado, Guimarães Rosa. Chamamos a atenção para rica análise no capítulo intitulado: "A dimensão poética da narrativa de Bartolomeu Campos de Queirós".

26. **RESENDE, Vânia Maria. *Literatura infantil & juvenil: vivência de leitura e expressão criadora.* São Paulo: Saraiva, 1993.**
O que caracteriza o livro é o caráter didático na exposição de dezenas de experiências com o texto literário em sala de aula. Chamamos a atenção para o rico ensaio que abre o livro: "Para quem sabe ler, um pingo é letra". Na parte II do livro, há um capítulo especifico sobre "A poesia no 1° e 2° graus"; no entanto, todo o livro está recheado de experiências significativas com o texto em

verso. O livro de Vânia é uma fonte de sugestões que podem ser adaptadas, recriadas ou até mesmo repetidas. Além da riqueza de experiências, temos acesso a inúmeras reflexões sobre a literatura na escola, o que torna o trabalho singular. Aqui experiência e reflexão andam de mãos dadas.

27. **RYNGAERT, Jean-Pierre. *O jogo no meio escolar.* Trad.: C. Zumbach e M. Guerra. Coimbra: Centelha, 1981.**
Além da diversidade de jogos apresentada, temos um capítulo em que são discutidas questões teóricas essenciais, como "O jogo dramático e o jogo", "O jogo dramático e o psicodrama" e o "O jogo dramático e o teatro".

28. **SANDRONI, Laura C. & MACHADO, L. Raul (orgs.). *A criança e o livro: Guia prático de estímulo à leitura.* São Paulo: Ática, 1986.**
Embora não haja relato de trabalho específico com poesia, o livro é rico em experiências que poderão despertar o leitor para a *repetição/reelaboração* a partir de sua realidade. "De maneira didática e objetiva, (...) o livro apresenta trabalhos realizados em salas de aula e bibliotecas, além do pioneiro projeto Ciranda do Livro e outras experiências singulares...".

29. **SLADE. Peter. *O jogo dramático infantil.* Trad.: T. Belinky. São Paulo: Summus Editorial, 1978.**
Obra indispensável tanto pelas sugestões quanto pela importância pedagógica atribuída ao jogo dramático. Sua leitura nos despertou para trabalhar o jogo dramático a partir de poemas.

30. **SOSA, Jesualdo. *A literatura infantil: ensaio sobre a ética, a estética e a psicologia da literatura infantil.* Trad.: J. Amado. São Paulo: Cultrix/Edusp, 1978.**
O livro de Jesualdo é dos mais abrangentes no que se refere a temas, problemas, gêneros da literatura infantil. É obra pioneira e que ainda se mantém atual em muitas reflexões. No capítulo V, item 12, encontramos: "A poesia na escola: é ou não material escolar?". Destacamos um pequeno fragmento que se refere aos "valores estéticos e estimulantes da poesia": "A poesia que envolve a criança deve ser generosa, sem reticências morais ou fins especulativos. Íntegra, sem restrições, capaz de provocar as mais diversas correntes em sua alma: poderosa como atividade sugestionante, capaz de ditar sem a isso se propor, a grande lição ao coração, a grande lição de beleza e justiça humana" (p. 182).

31. **ZILBERMAN, Regina & LAJOLO, Marisa. *Literatura infantil brasileira – história & histórias.* São Paulo: Ática, 1984.**

Um dos mais percucientes manuais sobre a história de nossa literatura infantil e juvenil. Com relação à poesia, há um sugestivo tópico denominado "A ruptura com a poética tradicional", de leitura indispensável.

32. **ZILBERMAN, Regina, CADERMARTORI, Lígia. *Literatura infantil: Autoritarismo e emancipação.* São Paulo: Ática, 1984.**
Um pequeno fragmento do ensaio nos indica uma das "funções do trabalho com a poesia": "A criança já traz para a escola uma experiência linguística que, em sua funcionalidade, é poética. A apresentação da poesia infantil na escola poderia dar continuidade a uma experiência por ela iniciada e, logo desprezada no processo de aprendizagem" (p. 29). Há duas excelentes análises dos poemas "A chácara do Chico Bolacha" e "Uma flor quebrada", de Cecilia Meireles.

33. **ZILBERMAN, Regina & LAJOLO, Marisa. *Um Brasil para crianças: para conhecer a literatura infantil brasileira: Histórias, autores e textos.* São Paulo: Global, 1986.**
Antologia de textos representativos da evolução de nossa literatura infantil. O inventário vai de 1890 à década de 1980. O livro dá acesso a textos raros, bem como a uma excelente bibliografia sobre cada fase do desenvolvimento de nossa literatura infantil e juvenil. São arrolados tanto textos literários quanto teóricos. Chamamos a atenção para um dos textos pioneiros relativos à poesia infantil, do crítico Alceu de Amoroso Lima, entre outras curiosidades.

REFERÊNCIAS

ABREU, Casimiro de. *As primaveras*. São Paulo: Ática, 2004.

ABREU, Márcia (org.). *Amor, história e luta - antologia de folhetos de cordel*. São Paulo: Moderna, 2005.

ACOPIARA, Moreira de. *Robinson Crusoé em cordel*. Ilustração: Valeriano. São Paulo: Nova Alexandria, 2011.

ADLER, Mortimer J.; DOREN, Charles V. A arte de ler. Trad.: J. L. de Melo. Rio de Janeiro: Agir, 1974.

ADORNO, Theodor W. *Notas de literatura I*. Trad.: J. Almeida. São Paulo: Livraria Duas Cidades; Editora 34, 2003.

AGUIAR, Vera Teixeira A. *Que livro indicar? Interesses dos jovens leitores*. Porto Alegre: Mercado Aberto/LEL, 1979.

ALMEIDA, Guilherme. *Os melhores poemas de Guilherme de Almeida*. São Paulo: Global, 1993.

ALVES, Aline Muniz. *O poema infantil em livros didáticos do ensino fundamental nas últimas três décadas*. (Mestrado). Campina Grande: POSLE-UFCG, 2012.

ALVES, J. H. P. Prática de leitura de poemas: pesquisas e sugestões. In: SIQUEIRA, Ana Maria Alves (org.). *Literatura e ensino: reflexões, diálogos e interdisciplinaridade*. Fortaleza: Expressão Gráfica e Editora, 2016.

____. Poesia, oralidade e ensino. In: DIONISIO, Angela Paiva; CAVALCANTE, Larissa de Pinho (orgs.). *Gêneros na linguística & na literatura*. Recife: Editora da UFPE; PIPA; NIG, 2015.

____. Poesia para crianças: novos livros, novos autores. In: ROSING, T. M. K.; BURLAMAQUE, F. V. *De casa e de fora, de antes e de agora*. Passo Fundo: Editora UPE, 2010.

____. (org.). *Pássaros e bichos na voz de poetas populares*. Campina Grande: Bagagem, 2004.

____. Abordagem do poema: roteiro de um desencontro. In: BEZERRA, Maria Auxiliadora; DIONISIO, Angela Paiva (orgs.). *O livro didático de português: múltiplos olhares*. Rio de Janeiro: Lucerna, 2001.

ALVES, J. H. P. (org.). *Poemas para crianças: reflexões, experiências, sugestões.* São Paulo: Livraria Duas Cidades, 2000.

AMORIM, José Edilson de. *Estudo com poesia.* Campina Grande: Editora da UFCG, 2017.

ANDRADE, Carlos Drummond de. *Poesia completa.* Rio de Janeiro: Editora Nova Aguilar, 2002.

____. *A palavra mágica.* Rio de Janeiro: 1999.

____. *Farewell.* Rio de Janeiro: Record, 1996.

ANDRADE, Cláudio H. Salles; SILVA, Nilson J. da (orgs.). *Feira de versos: poesia de cordel.* São Paulo: Ática, 2004.

ARAÚJO, Hilton Carlos. Teatro integrado: experiências. Rio de Janeiro: MEC/SNT, 1976.

ARAÚJO, Laís Correia de (org.). *Murilo Mendes.* Petrópolis: Vozes, 1972.

ARRIGUCCI Jr. Davi. *Humildade, paixão e morte: A poesia de Manuel Bandeira.* São Paulo: Companhia das Letras, 1990.

BAMBERGER, Richard. *Como incentivar o hábito da leitura.* Trad.: O. M. Cajado. São Paulo: Ática/UNESCO, 1986, p. 74-75.

BANDEIRA, Manuel. *Poesia completa e prosa.* Rio de Janeiro: Editora Nova Aguilar, 1990.

____.. *Berimbau e outros poemas.* Rio de Janeiro: José Olympio, 1986.

BETHÂNIA, Maria. *Caderno de poesia.* Belo Horizonte: Editora da UFMG, 2015.

BOAL, Augusto. *200 exercícios e jogos para o ator e o não ator com vontade de dizer algo através do teatro.* Rio de Janeiro: Civilização Brasileira, 1997.

BOJUNGA, Lygia. *Os colegas.* Rio de Janeiro: Casa Lygia Bojunga, 2012.

____. *Angélica.* Rio de Janeiro: Casa Lygia Bojunga, 2005.

BORDINI, Maria da Glória; AGUIAR, Vera Teixeira de. *Literatura: a formação do leitor - alternativas metodológicas.* Porto Alegre: Mercado Aberto, 1988.

BOSI, Alfredo. A poesia é ainda necessária? In: _____. *Entre a literatura e a história.* São Paulo: Editora 34, 2013.

____. *O ser e o tempo da poesia.* São Paulo: Companhia das Letras, 2000.

Bragato FILHO, Paulo. *Pela leitura literária na escola de 1º grau.* São Paulo: Ática, 1995.

BRIto, João Batista de. *Um beijo é só um beijo.* João Pessoa: Manufatura, 2001.

BUARQUE, Chico. Os saltimbancos. Belo Horizonte: Autêntica, 2017.

CALCANHOTTO, Adriana (org.). *Antologia ilustrada da poesia brasileira: para crianças de todas as idades.* Rio de Janeiro: Edições de Janeiro: 2014.

CALDAS, Viviane Moraes. *A tragédia clássica grega: uma vivência com* Antígona, *de Sófocles, na sala de aula.* (Mestrado). Campina Grande: POSLE-UFCG, 2014.

CAMARGO, Goiandira. Leitura vocalizada de poesia. In: CAMARGO, Goiandira *et alii* (org.). *Olhar o poema: teoria e prática do letramento poético.* Goiânia: Cânone Editorial, 2012.

CANDIDO, Antonio. *Na sala de aula.* São Paulo: Ática, 2000.

CapparellI, Sérgio. *111 poemas para crianças.* Ilustrações: Ana Gruszynki. Porto Alegre: L&PM, 2003.

COSTA, Sandrelle Rodrigues. *As indicações de obras literárias na primeira fase do ensino fundamental: critérios, valores e problemas.* (Mestrado). Campina Grande: POSLE-UFCG, 2018.

DAL FARRA, Maria Lúcia. *Livro das auras - Poemas.* São Paulo: Iluminuras, 2002.

DANTAS, Janduhi. *As três verdades de Deus.* Campina Grande: Lotus, 2011.

Degas. Paris: Abbeville, 1996.

DIAS, Ana Crélia. Literatura e educação literária: quando a literatura faz sentido(s). Brasília: *Revista Cerrados,* vol. 25, nº 42, 2016. (http://bit.ly/2BqeVxR, acesso: 21Maio2018).

DUFRENNE, Mikel. *O poético.* Trad.: L. A. Nunes e R. K. de Souza. Porto Alegre: Editora Globo, 1969.

ELIOT, T. S. *De poesia e de poetas.* Trad.: I. Junqueira. São Paulo: Brasiliense, 1991.

ESPANCA, Florbela. *Poemas.* São Paulo: Martins Fontes, 1997.

FARIAS, Mariana N. Ribeiro. *Da margem para o centro da aula: leituras e discussões sobre a representação feminina em contos de Maria Valéria Rezende.* (Mestrado). Campina Grande: POSLE-UFCG, 2014.

FRANCISCO, Antonio. *Dez cordéis num só cordel.* Fortaleza: IMEPH, 2006.

FREIRE, Paulo. *Pedagogia da autonomia: saberes necessários à prática educativa.* Rio de Janeiro: Paz e Terra, 1998.

FREITAS, Lenilde. *A corça no campo: coletânea poética.* Recife: Ed. da autora, 2010.

GARCIA, Edson Gabriel (org.). *Biblioteca escolar: estrutura e funcionamento.* São Paulo: Edições Loyola, 1989.

GEBARA, Ana Elvira Luciano. *Os convites da poesia: a obra poética de José Paulo Paes para crianças* (Mestrado). São Paulo: FFLCH/USP, 1999.

GULLAR, Ferreira. *Poesia completa, Teatro e Prosa.* Rio de Janeiro: Editora Nova Aguilar, 2008.

HAURÉLIO, Marco (org.). *Antologia do cordel brasileiro.* Xilogravuras de Erivaldo. São Paulo: Global, 2012.

HILST, Hilda. *Júbilo, memória, noviciado da paixãp.* São Paulo: Companhia das Letras, 2018.

____. *Da poesia.* São Paulo: Companhia das Letras, 2017.

HUIZINGA, Johan. *Homo ludens.* Trad.: J. P. Monteiro. São Paulo: Perspectiva, 1980.

JAKOBSON, Roman. *Linguística e comunicação.* Trad.: I. Blikstein e J. P. Paes. São Paulo: Cultrix, 1972.

KORMANN, Edith. *Teatro na educação artística / 1º grau.* Florianópolis: Eunardeli/UDESC, s.d.

JOSÉ, Elias. *Um pouco de tudo: de bichos, de gente, de flores.* São Paulo: Paulus, 1982.

KIRINUS, Glória. *Criança e poesia na pedagogia Freinet.* São Paulo: Paulinas, 1998.

KOUDELA, Ingrid. *Texto e jogo.* São Paulo: Editora Perspectiva, 1996.

___. *Jogos teatrais.* São Paulo: Editora Perspectiva, 1984.

LAJOLO, Maria. *Do mundo da leitura para leitura do mundo.* São Paulo: Ática, 1993.

LEMINSKI, Estrela Ruiz. *Poesia é não.* São Paulo: Iluminuras, 2011.

LEMINSKI, Paulo. *Distraídos venceremos.* São Paulo: Brasiliense, 1993.

LIDRONETA, Cláudia. *O ouro de Ofir.* Campina Grande: Editora Bagagem, 2004.

LIMA, Jorge de. *Poesia completa.* Rio de Janeiro: Editora Nova Aguilar, 1977.

LIMA, Stélio Torquato. *Obras clássicas em cordel.* Maracanaú: Cordelaria Flor da Serra, 2016.

LISBOA, Henriqueta. *O menino poeta.* São Paulo: Peirópolis, 2008.

LOPES, Yara Brandão B. Organização e funcionamento de uma sala de leitura. In: GARCIA, Edson Gabriel (org.). *Biblioteca escolar: Estrutura e funcionamento.* São Paulo: Loyola, 1989.

LUCAS, Beré. *As asas azuis da andorinha preta.* Belo Horizonte: Ed. Comunicação: 1978.

LÚCIO, Ana Cristina Marinho & PINHEIRO, Hélder. *Cordel na sala de aula.* São Paulo: Duas Cidades, 2001.

MACHADO, Ana Maria. *Texturas? Sobre leituras e escritos.* Rio de Janeiro: Nova Fronteira, 2001.

___. *Cinco estrelas.* Rio de Janeiro: Objetiva, 2001.

MACHADO, Gilka. *Poesia completa.* São Paulo: Demônio Negro, 2017.

MARILHA, Marly. O lúdico na literatura: o caso da poesia. In: *Estão mortas as fadas?.* Petrópolis: Vozes, 1997.

MARINHO, Ana Cristina, PINHEIRO, Hélder. *O cordel no cotidiano escolar.* São Paulo: Cortez, 2012.

MEDEIROS, Hadoock E. Araújo de. *De calça curta e chinela: a poesia de Antonio Francisco na sala de aula.* (estrado). Campina Grande: POSLE-UFCG, 2014.

MEIRELES, Cecília. *Ou isto ou aquilo.* Ilustração: Odilon Moraes. São Paulo: Global, 2012.

___. *Poesia completa.* Rio de Janeiro: Editora Nova Aguilar, 1994.

MELLO, Ana Maria Lisboa *et alii. Literatura infantil: prosa e poesia.* Goiânia: Editora da UFG, 1995.

MELO NETO, João Cabral. *Obra completa.* Rio de Janeiro: Ed. Nova Aguilar, 1994.

MELO, Jussara Ferreira. *Um "embargo" em sala de aula: leitura de José Saramago no ensino médio.* (Mestrado). Campina Grande: POSLE-UFCG, 2014.

MONTEIRO, Adolfo Casais. *A palavra essencial: estudos sobre poesia.* São Paulo: Companhia Editora Nacional, 1965.

MORAES, Vinicius. *Poesia completa e Prosa.* Rio de Janeiro: Editora Nova Aguilar, 1987.

MORIN, Edgar. *Amor, poesia, sabedoria.* Trad.: E. de A. Carvalho. Rio de Janeiro: Bertrand Brasil, 1998.

MURALHA, Sidónio. *A dança dos pica-paus*. São Paulo: Global, 2010.

___. *A televisão da bicharada*. São Paulo: Global, 2003.

MURRAY, Roseana. *Classificados poéticos*. São Paulo: Moderna, 2010.

PAES, José Paulo. *Poemas para brincar*. Ilustração: Luiz Maia. São Paulo: Ática, 2011.

___. *Poesia completa*. São Paulo: Companhia das Letras, 2008.

___. *Poesia para crianças*. São Paulo: Giordano, 1996.

___. *Prosas seguidas de Odes mínimas*. São Paulo: Companhia das Letras, 1992.

___. *Uma letra puxa a outra*. Ilustração: Kiko Farkas. São Paulo: Companhia das Letrinhas, 1992.

PAULINO, Graça. Cem anos de poesias nas escolas brasileiras. In: SERRA, Elizabeth D'Angelo.(org.). *30 anos de literatura para crianças e jovens*. Campinas: Mercado de Letras, 1998.

PAZ, Octavio. *Signos em rotação*. Trad.: S. U. Leite. São Paulo: Perspectiva, 1990.

PINTO, Juliana Amaral. Canção, poesia, escola. In: PINHEIRO, Hélder (org.). *Poemas para crianças: reflexões, experiências, sugestões*. São Paulo: Livraria Duas Cidades, 2000.

PINTO, Sérgio de Castro. *Zoo imaginário*. São Paulo: Escrituras, 2006.

PRADO, Adélia. *Poesia reunida*. Rio de Janeiro: Record, 2015.

QUEIRÓS, Bartolomeu (org.). *Para querer bem: antologia poética de Manuel Bandeira*. São Paulo: Editora Moderna, 2005.

QUINTANA, Mario. *Poesia completa*. Rio de Janeiro: Editora Nova Aguilar, 2005.

___. *Apontamentos de história sobrenatural*. Rio de Janeiro: Globo, 1984.

___. *Nova antologia poética*. Rio de Janeiro: Codecri, 1983.

REVERBEL, Olga. *Jogos teatrais na escola: atividades globais de expressão*. São Paulo: Editora Scipione, 2010.

RIEDEL, Dirce Cortes *et alii*. *Literatura brasileira em curso*. Rio de Janeiro: Edições Bloch, 1968.

RINARÉ, Rouxinol do. *O alienista*. Ilustração: Erivaldo. São Paulo: Nova Alexandria, 2010.

ROCHA, Ruth. *Poemas que escolhi parra as crianças - antologia*. São Paulo: Moderna, 2013.

RUIZ, Alice. *[dois em um]*. São Paulo: Iluminuras, 2008.

SANT'ANNA, Afonso Romano de. *Poesia reunida: 1965-1999*. Porto Alegre: L&PM, 2004.

SANTOS, Maria Jahynne Dantas dos. *A cor do êxtase: uma experiência de leitura com poemas de Manoel de Barros*. (Mestrado). Campina Grande: POSLE-UFCG, 2014.

SILVA, Vaneide Lima. *Poesia para adolescentes: estudo crítico de obras e vivência em sala de aula*. (Doutorado). João Pessoa: PPGL-UFPB, 2008.

___. *Brincadeira com a linguagem: leitura da poesia infantil de José Paulo Paes*. (Mestrado). Campina Grande: UFPB, Campus II, 2001.

SLADE, Peter. *O jogo dramático infantil.* Trad.: T. Belink. São Paulo: Summus Editorial, 1978.

SNYDERS, Georges. *Alunos felizes: Reflexões sobre a alegria na escola a partir de textos literários.* Trad.: Cátia Aída P. da Silva. Rio de Janeiro: Paz e Terra, 1993.

SPOLIN, Viola. *Jogos teatrais na sala de aula: Um manual para o professor.* Trad.: I. D. Koudela. São Paulo: Perspectiva, 2017.

STAIGER, Emil. *Conceitos fundamentais da poética.* Trad.: C. A. Galeão. Rio de Janeiro: Tempo Brasileiro, 1975.

STANISLAVSKI, Constantin. *A criação do papel.* Trad.: Pontes de P. Lima. Rio de Janeiro: Civilização Brasileira, 1990.

____. *A preparação do ator.* Trad.: Pontes de P. Lima. Rio de Janeiro: Civilização Brasileira, 1976.

TITO, Maria Rejane A. As várias danças da menina bailarina. In: PINHEIRO, Hélder (org.). *Poemas para crianças: reflexões, experiências, sugestões.* São Paulo: Livraria Duas Cidades, 2000.

THOMSON, George. *Marxismo e poesia.* Trad.: A. N. Santos. Lisboa: Editorial Teorema, 1977.

VALÉRY, Paul. *Variedades.* Trad.: M. M. de Siqueira. São Paulo: Iluminuras, 1991.

VIANA, Arievaldo. *O tronco do ipê.* Ilustração: Rudsonn Duarte. Fortaleza: Armazém da Cultura, 2012.

VIANA, Klévisson. *Os três mosqueteiros em cordel.* São Paulo: Leya, 2011.

VILLAÇA, Alcides. *Passos de Drummond.* São Paulo: Cosac Naify, 2006.

ESTRATÉGIAS de ENSINO

1. *O ensino do espanhol no Brasil*, João Sedycias [org.]
2. *Português no ensino médio e formação do professor*, Clecio Bunzen & Márcia Mendonça [orgs.]
3. *Gêneros catalisadores — letramento e formação do professor*, Inês Signorini [org.]
4. *A formação do professor de português — que língua vamos ensinar?*, Paulo Coimbra Guedes
5. *Muito além da gramática — por um ensino de línguas sem pedras no caminho*, Irandé Antunes
6. *Ensinar o brasileiro — respostas a 50 perguntas de professores de língua materna*, Celso Ferrarezi Jr.
7. *Semântica para a educação básica*, Celso Ferrarezi Jr.
8. *O professor pesquisador — introdução à pesquisa qualitativa*, Stella Maris Bortoni-Ricardo
9. *Letramento em EJA*, Maria Cecilia Mollica & Marisa Leal
10. *Língua, texto e ensino — outra escola possível*, Irandé Antunes
11. *Ensino e aprendizagem de língua inglesa — conversas com especialistas*, Diógenes Cândido de Lima [org.]
12. *Da redação à produção textual — o ensino da escrita*, Paulo Coimbra Guedes
13. *Letramentos múltiplos, escola e inclusão social*, Roxane Rojo
14. *Libras? Que língua é essa?*, Audrei Gesser
15. *Didática de línguas estrangeiras*, Pierre Martinez
16. *A palavra e a sentença — estudo introdutório*, Ronaldo de Oliveira Batista
17. *Coisas que todo professor de português precisa saber*, Luciano Amaral Oliveira
18. *Gêneros textuais & ensino*, Angela Paiva Dionisio, Anna Rachel Machado & Maria Auxiliadora Bezerra [orgs.]
19. *As cadeias do texto — construindo sentidos*, Cláudia Roncarati
20. *Produção textual na universidade*, Désirée Motta-Roth & Graciela Rabuske Hendges
21. *Análise de textos — fundamentos e práticas*, Irandé Antunes
22. *Dicionários escolares — políticas, formas & usos*, Orlene Lúcia de Sabóia Carvalho & Marcos Bagno [orgs.]
23. *Inglês em escolas públicas não funciona? Uma questão, múltiplos olhares*, Diógenes Cândido de Lima [org.]
24. *Dicionários na teoria e na prática — como e para quem são feitos*, Claudia Xatara, Cleci Regina Bevilacqua & Philippe Humblé
25. *Gêneros textuais — reflexões e ensino*, Acir Mário Karwoski, Beatriz Gaydeczka & Karim S. Brito
26. *Letramentos de reexistência — poesia, grafite, música, dança: hip-hop*, Ana Lúcia Silva Souza
27. *Pesquisar no labirinto — a tese, um desafio possível*, Francisco Perujo Serrano
28. *O território das palavras — estudo do léxico em sala de aula*, Irandé Antunes
29. *Multiletramentos na escola*, Roxane Rojo & Eduardo Moura [orgs.]
30. *Leitura e mediação pedagógica*, Stella Maris Bortoni-Ricardo et alii [org.]
31. *Numeramento — aquisição das competências matemáticas*, Michel Fayol
32. *Letramentos no ensino médio*, Ana Lúcia Silva Souza, Ana Paula Corti & Márcia Mendonça
33. *Neologia em português*, Margarita Correia & Gladis Maria de Barcellos Almeida
34. *Língua e literatura: Machado de Assis na sala de aula*, Alexandre Huady T. Guimarães & Ronaldo de Oliveira Batista
35. *O ouvinte e a surdez — sobre ensinar e aprender a libras*, Audrei Gesser
36. *Ensinar na universidade — conselhos práticos, dicas, métodos pedagógicos*, Markus Brauer
37. *Os doze trabalhos de Hércules — do oral para o escrito*, Stella Maris Bortoni-Ricardo & Veruska Ribeiro Machado [orgs.]
38. *Múltiplas linguagens para o ensino médio*, Clecio Bunzen & Márcia Mendonça [orgs.]
39. *Leitura de literatura na escola*, Maria Amélia Dalvi, Neide Luzia de Rezende & Rita Jover-Faleiros [orgs.]
40. *Escol@ conectada — os multiletramentos e as tics*, Roxane Rojo [org.]
41. *Sete erros aos quatro ventos — a variação linguística no ensino de português*, Marcos Bagno
42. *Cenas surdas: os surdos terão lugar no coração do mundo?*, Renato Dente Luz
43. *Aquisição de linguagem*, Michèlle Kail
44. *Métodos de ensino de inglês — teorias, práticas, ideologias*, Luciano Amaral Oliveira
45. *Aquisição da escrita*, Michel Fayol
46. *Pedagogia do silenciamento — a escola brasileira e o ensino de língua materna*, Celso Ferrarezi Jr.
47. *Por que a escola não ensina gramática assim?*, Stella Maris Bortoni-Ricardo et al. [orgs.]
48. *Aquisição de segunda língua*, Vera Lúcia Menezes de Oliveira e Paiva
49. *Gramática contextualizada — limpando "o pó das ideias simples"*, Irandé Antunes
50. *Língua, Linguagem, linguística — pondo os pingos nos ii*, Marcos Bagno
51. *Hipermodernidade, multiletramentos e gêneros discursivos*, Roxane Rojo & Jacqueline Barbosa
52. *Produzir textos na educação básica — o que saber, como fazer*, Celso Ferrarezi Jr. & Robson S. de Carvalho
53. *Faça a diferença — ensinar línguas estrangeiras na educação básica*, Alex Garcia da Cunha & Laura Miccoli [orgs.]
54. Coaching *instrucional — formação continuada e ensino de línguas*, Alex Garcia da Cunha
55. *Fonologia, fonética e ensino — guia introdutório*, Mikaela Roberto
56. *De alunos a leitores — o ensino da leitura na educação básica*, Celso Ferrarezi Jr. & Robson S. de Carvalho
57. *Enunciado de atividades e tarefas escolares — modos de fazer*, Denise Lino de Araújo
58. *Tiras no ensino*, Paulo Ramos
59. *O mundo na sala de aula — intertextualidade nos anos finais do ensino fundamental*, Maria Silvia Gonçalves
60. *Textualidade — noções básicas e implicações pedagógicas*, Irandé Antunes
61. *Poesia na sala de aula*, Hélder Pinheiro
62. *Ensinar a ler, aprender a avaliar — avaliação diagnóstica das habilidades de leitura*, Robson S. de Carvalho
63. *Oralidade na educação básica — o que saber, como ensinar*, Robson Santos de Carvalho & Celso Ferrarezi Jr.
64. *Vygotsky — a interação no ensino/aprendizagem de línguas*, Francisco José Quaresma de Figueiredo
65. *Intercompreensão — a chave para as línguas*, Pierre Escudé & Francisco Calvo del Olmo
66. *A alfabetização de idosos — um tema urgente no Brasil*, Kátia Abreu & Maria Carlota Rosa
67. *A função da literatura na escola — resistência, mediação e formação leitora*, Maria do Socorro A. N. Macedo [org.]
68. *A oralidade no ensino de línguas estrangeiras*, José Ricardo Dordron de Pinho [org.]
69. *A avaliação na escola — Guia de conceitos e práticas*, Robson Santos de Carvalho
70. *Aprendendo com os erros — uma perspectiva comunicativa do ensino de línguas*, Francisco José Quaresma de Figueiredo

Esta obra foi composta em Aabced 10/14
e impressa em papel Luxcream 70g
para a **Parábola Editorial** em abril de 2024.

Impressão e acabamento:
Gráfica Paym